职业教育机械类专业"互联网+"新形态教材

机械工业出版社精品教材

# 机 床 夹 具 图 册

## 第 2 版

主编　薛源顺

参编　顾德仁

机 械 工 业 出 版 社

本图册为职业院校机械类专业机床夹具设计课程的辅助教材。全书共分为五部分，主要内容包括车床夹具、铣床夹具、钻床夹具、镗床夹具和磨床夹具，共计57个图例。本图册与主教材《机床夹具设计》（第2版）衔接和配套。本图册图例选自国内外实际生产中所使用的典型夹具结构，并以车床夹具、铣床夹具和钻床夹具为主。其中，成组夹具代表了当代机械制造柔性化的发展方向。

本图册适用于职业院校机械类专业学生，亦适用于从事机械制造专业机床夹具设计工作的技术人员。

**图书在版编目（CIP）数据**

机床夹具图册/薛源顺主编. —2 版 .—北京：机械工业出版社，2015.10
（2025.1 重印）
职业教育机械类专业"互联网+"新形态教材
ISBN 978-7-111-51586-9

Ⅰ.①机…　Ⅱ.①薛…　Ⅲ.①机床夹具-设计-高等职业教育-教学参考资料
Ⅳ.①TG750.2

中国版本图书馆 CIP 数据核字（2015）第 216450 号

机械工业出版社（北京市百万庄大街 22 号　邮政编码 100037）
策划编辑：齐志刚　责任编辑：齐志刚　安桂芳
责任校对：刘雅娜　封面设计：张　静
责任印制：单爱军
北京虎彩文化传播有限公司印刷
2025 年 1 月第 2 版第 6 次印刷
370mm×260mm・10 印张・1 插页・243 千字
标准书号：ISBN 978-7-111-51586-9
定价：35.00 元

电话服务　　　　　　　　　网络服务
客服电话：010-88361066　　机 工 官 网：www.cmpbook.com
　　　　　010-88379833　　机 工 官 博：weibo.com/cmp1952
　　　　　010-68326294　　金 书 网：www.golden-book.com
**封底无防伪标均为盗版**　机工教育服务网：www.cmpedu.com

# 第 2 版前言

本图册第 1 版自 1998 年出版以来，深受广大读者欢迎。教学中，图册与教材之间的相辅相成作用，效果显著，对掌握夹具设计大有裨益。第 2 版在保留原图册特点的基础上，新增了 9 个图例，加强了对夹具制造精度的分析。本图册采用新标准：《机床夹具零件及部件》的国家机械行业标准（JB/T 8004.1—1999 ~ JB/T 10128—1999），《产品几何技术规范（GPS）几何公差、形状、方向、位置和跳动公差标准》（GB/T 1182—2008），《产品几何技术规范（GPS）技术产品文件中表面结构的表示法》（GB/T 131—2006）。

本图册由薛源顺主编，顾德仁参编。编写中参考了相关文献，搜集了有关企业的夹具图样，在此谨向有关企业和文献作者表示最诚挚的谢意。图册中会有不当之处，敬请读者同仁批评指正。

**编　者**

# 第1版前言

本图册是中等专业学校机械制造专业教学用的辅助教材。图册共分五个部分内容，介绍了车床夹具、铣床夹具、钻床夹具、镗床夹具和磨床夹具，计48个图例。图册内容与《机床夹具设计》教材衔接和配套。图册的图例选自国内外实际生产中使用的典型夹具结构，并以车床夹具、铣床夹具、钻床夹具为主，能举一反三，触类旁通。其中的成组夹具，则代表了当代机械制造柔性化的发展方向。图册还注重夹具的结构工艺性分析，图册所附的设计示例，较详细地说明了钻床夹具总图的设计步骤，以便于学生在夹具课程设计时参考。图册中的夹具结构构思和设计的指导思想也会对学生有所启迪。

本图册由上海市机电工业学校薛源顺主编，湖南省机械工业学校李力夫、上海市机电工业学校顾德仁参编。由江苏省无锡市机械制造学校吴丙中主审。参加汇编的还有刘福库、郎成典、蒋慧玲、吴春华、赵文波、张普礼、卢小波、王世论。

**编　者**

# 目　录

$\phi 10 \dfrac{G7}{h6}$

$\phi 10 \dfrac{N7}{h6}$

$\boxed{\perp \ | \ 0.01 \ | \ A}$

$24^{+0.065}_{+0.035}$

$\phi 8H7/n6$

$30.5 \pm 0.03$

$12.065 \pm 0.012$

$\boxed{/ \ | \ 0.02 \ | \ B}$

$B$

$\phi 13h6$

$\boxed{\parallel \ | \ 0.02 \ | \ A}$

$\phi 200$

$\phi 165^{+0.30}_{-0.20}$

$\phi 190$

$A$

$\phi 13H7/n6$

$\boxed{\perp \ | \ 0.02 \ | \ A}$

$24^{+0.1}_{0}$

$30.5 \pm 0.10$

$\phi 13H7$

$\phi 8.7H7$

$12^{+0.10}_{+0.03}$

$A-A$

$\phi 9H8$

$Ra \ 1.6$

$\boxed{\perp \ | \ \phi 0.1 \ | \ H}$

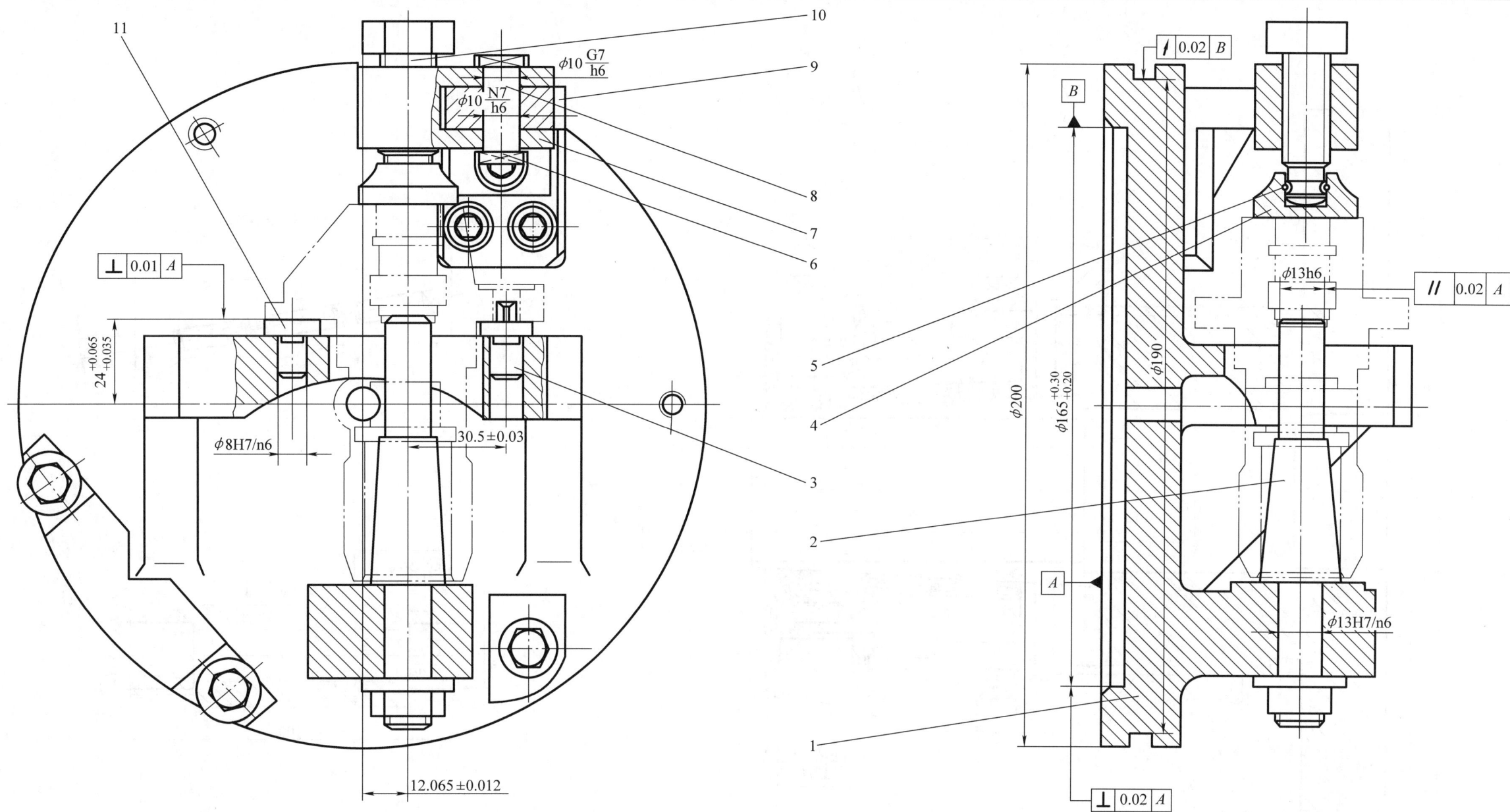

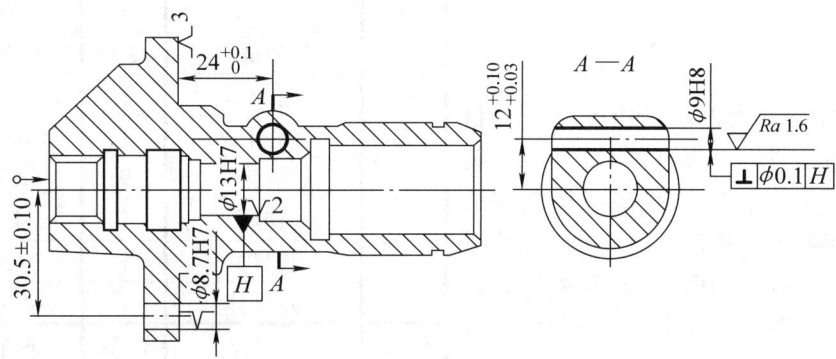

本夹具用于加工柴油机喷油泵的 $\phi 9H8$ 孔（工件材料为 HT200）。工件以台阶面、内孔 $\phi 13H7$ 和 $\phi 8.7H7$ 在菱形定位销 3、支承钉 11、定位轴 2 上定位，由螺钉 10 夹紧工件。夹紧装置可绕铰链回转，以便于装卸。本夹具结构紧凑。

| 11 | 支承钉 | 1 | T7 | 55～60HRC |
|----|--------|---|------|-----------|
| 10 | 螺钉 | 1 | 45 | |
| 9 | 支架 | 1 | 45 | 40～45HRC |
| 8 | 活销 | 1 | 45 | |
| 7 | 活块 | 1 | 45 | |
| 6 | 紧钉 | 1 | 45 | |
| 5 | 挡圈 | 1 | 弹簧钢丝 | |
| 4 | 压头 | 1 | 45 | |
| 3 | 菱形定位销 | 1 | T7 | 55～60HRC |
| 2 | 定位轴 | 1 | 20 | 渗碳淬硬 60～62HRC |
| 1 | 夹具体 | 1 | HT200 | |
| 件号 | 名称 | 件数 | 材料 | 备注 |

**车 -1　角铁式车床夹具**

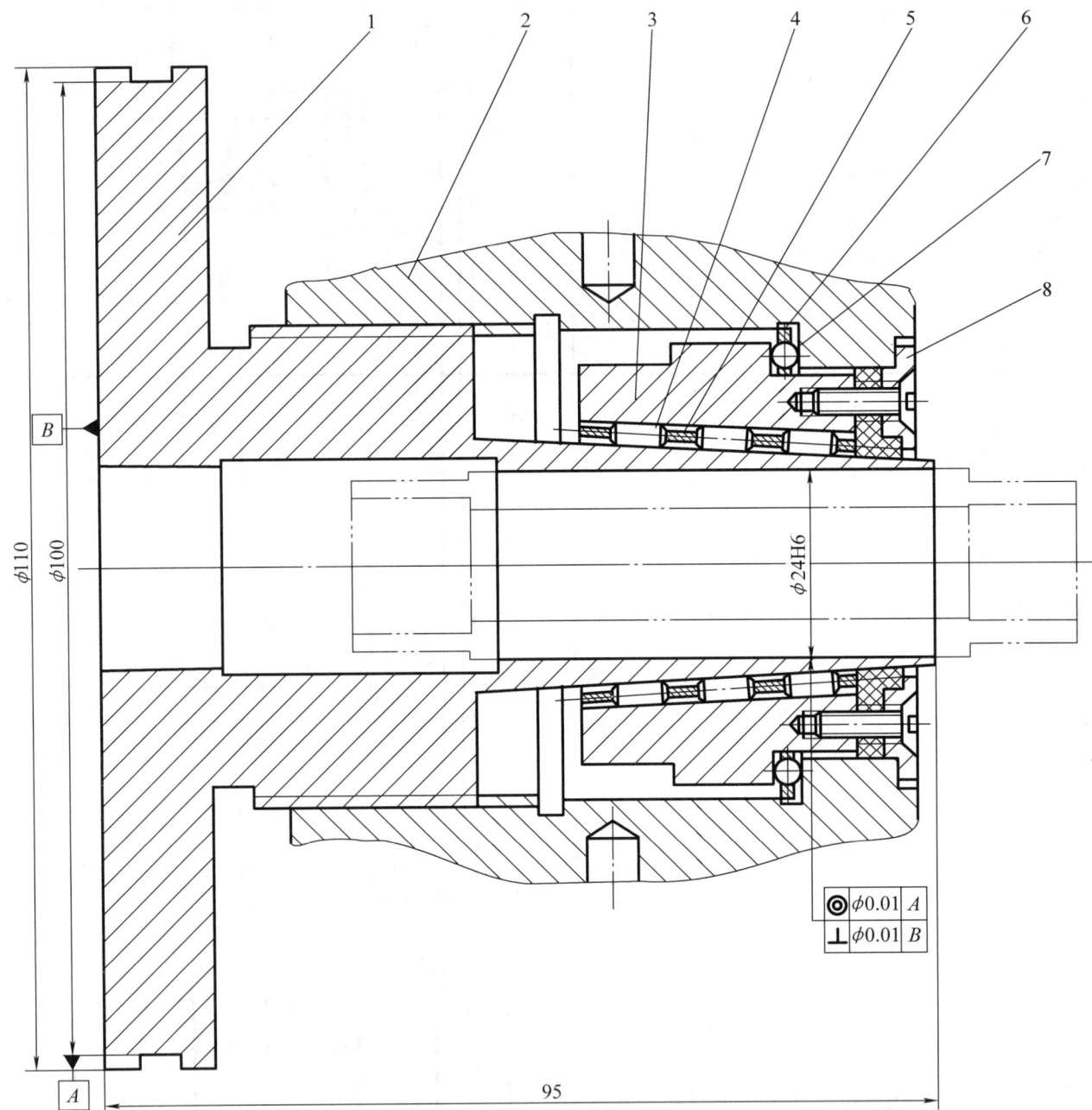

滚针，隔圈展开图

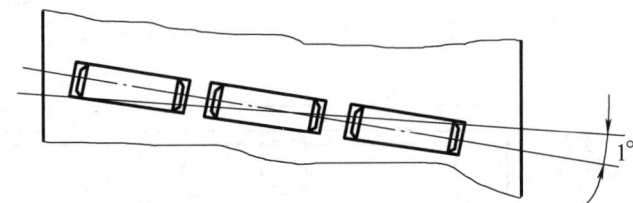

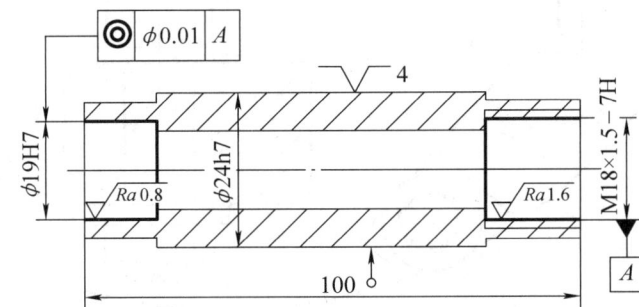

$\phi 24H6$

$\phi 110$
$\phi 100$

95

$B$

$A$

| ◎ | $\phi 0.01$ | $A$ |
| ⊥ | $\phi 0.01$ | $B$ |

| ◎ | $\phi 0.01$ | $A$ |

$\phi 19H7$ $\phi 24h7$ $Ra0.8$ $Ra1.6$ $M18\times1.5-7H$

100

本夹具用于加工螺套两端的内孔（工件材料为45钢）。工件以外圆在夹具体1上定位，转动螺母2，经套圈3、滚针4，使夹具体前端的薄壁均匀变形，定心夹紧工件。滚针的轴线相对夹具体的轴线有1°斜角，在其滚动时可使夹具体的薄壁处产生均匀弹性小变形。本夹具定位精度很高。

| 8 | 盖 | 1 | 20 | |
| 7 | 滚珠 | 20 | GCr6 | 55~60HRC |
| 6 | 隔圈 A | 1 | ZCuZn38 | |
| 5 | 隔圈 B | 1 | ZCuZn38 | |
| 4 | 滚针 | 9 | GCr6 | 55~60HRC |
| 3 | 套圈 | 1 | 45 | 30~35HRC |
| 2 | 螺母 | 1 | 45 | 30~35HRC |
| 1 | 夹具体 | 1 | 65Mn | 40~45HRC |
| 件号 | 名称 | 件数 | 材料 | 备注 |

车-2　弹性体滚子定心夹紧车床夹具

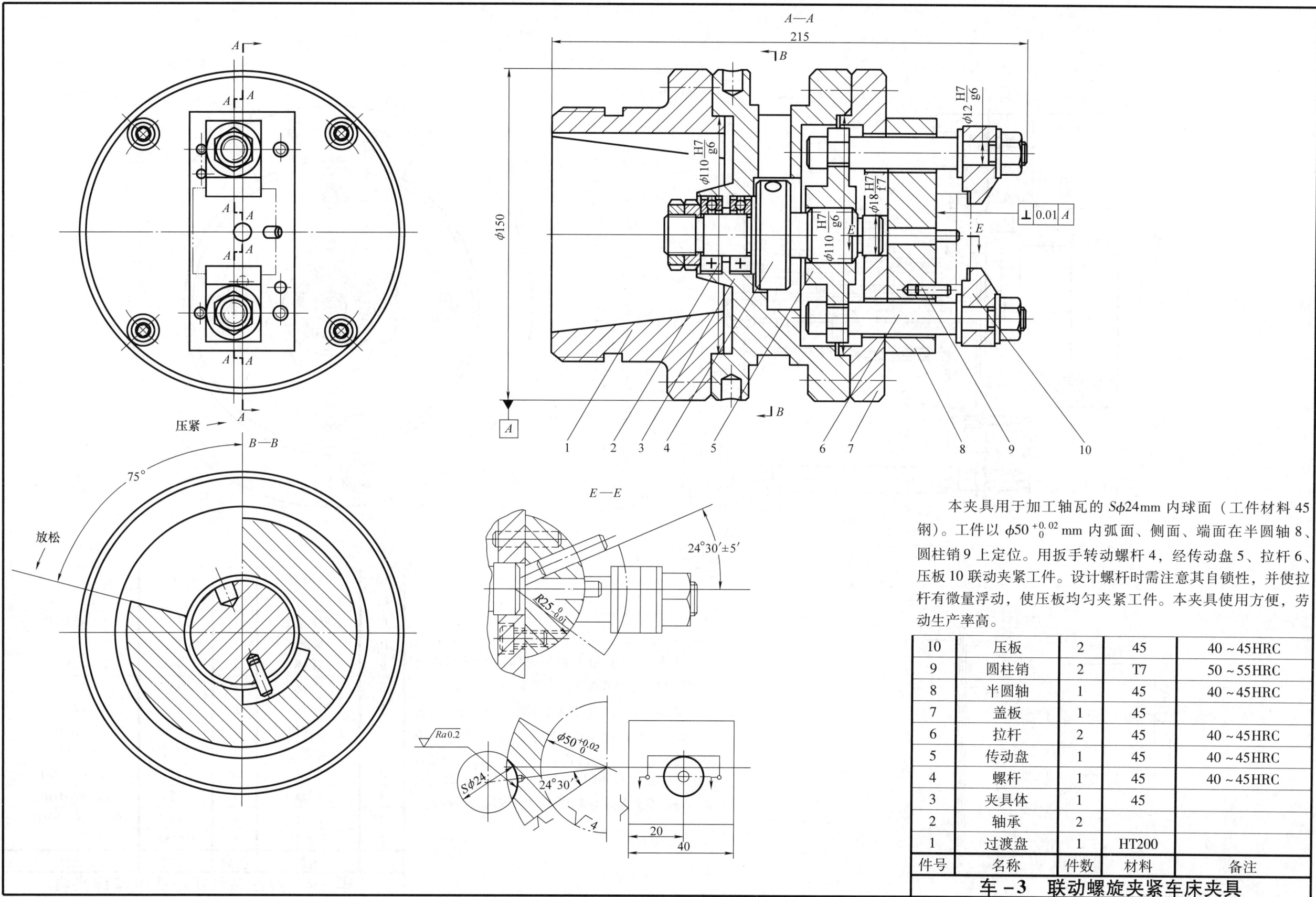

本夹具用于加工轴瓦的 $S\phi24$mm 内球面（工件材料 45 钢）。工件以 $\phi50^{+0.02}_{0}$ mm 内弧面、侧面、端面在半圆轴 8、圆柱销 9 上定位。用扳手转动螺杆 4，经传动盘 5、拉杆 6、压板 10 联动夹紧工件。设计螺杆时需注意其自锁性，并使拉杆有微量浮动，使压板均匀夹紧工件。本夹具使用方便，劳动生产率高。

| 10 | 压板 | 2 | 45 | 40~45HRC |
| 9 | 圆柱销 | 2 | T7 | 50~55HRC |
| 8 | 半圆轴 | 1 | 45 | 40~45HRC |
| 7 | 盖板 | 1 | 45 | |
| 6 | 拉杆 | 2 | 45 | 40~45HRC |
| 5 | 传动盘 | 1 | 45 | 40~45HRC |
| 4 | 螺杆 | 1 | 45 | 40~45HRC |
| 3 | 夹具体 | 1 | 45 | |
| 2 | 轴承 | 2 | | |
| 1 | 过渡盘 | 1 | HT200 | |
| 件号 | 名称 | 件数 | 材料 | 备注 |
| 车－3 | 联动螺旋夹紧车床夹具 | | | |

B—B

119.43±0.01
(测量尺寸)

$\phi16\dfrac{H7}{f6}$

$\phi109.41\,g6$

$\phi360$

$\phi125H7$

$M120\times6-6H$

$\bigodot\ \phi0.02\ \boxed{A}$

$\phi65\dfrac{H7}{g6}$

$\phi75.2\dfrac{H7}{r6}$　$\phi93.325\,g6$

$\bigodot\ \phi0.02\ \boxed{A}$

360

1　2　3　4　5　6　7　8　9　10　11　12　13

A

B—B　A

174.43±0.04　Ra1.6

$130^{+0.4}_{0}$

$\phi93.5^{-0.125}_{-0.175}$

6

$\phi110^{-0.24}_{-0.59}$

$\phi333^{+0.08}_{0}$

R0.8　Ra1.6

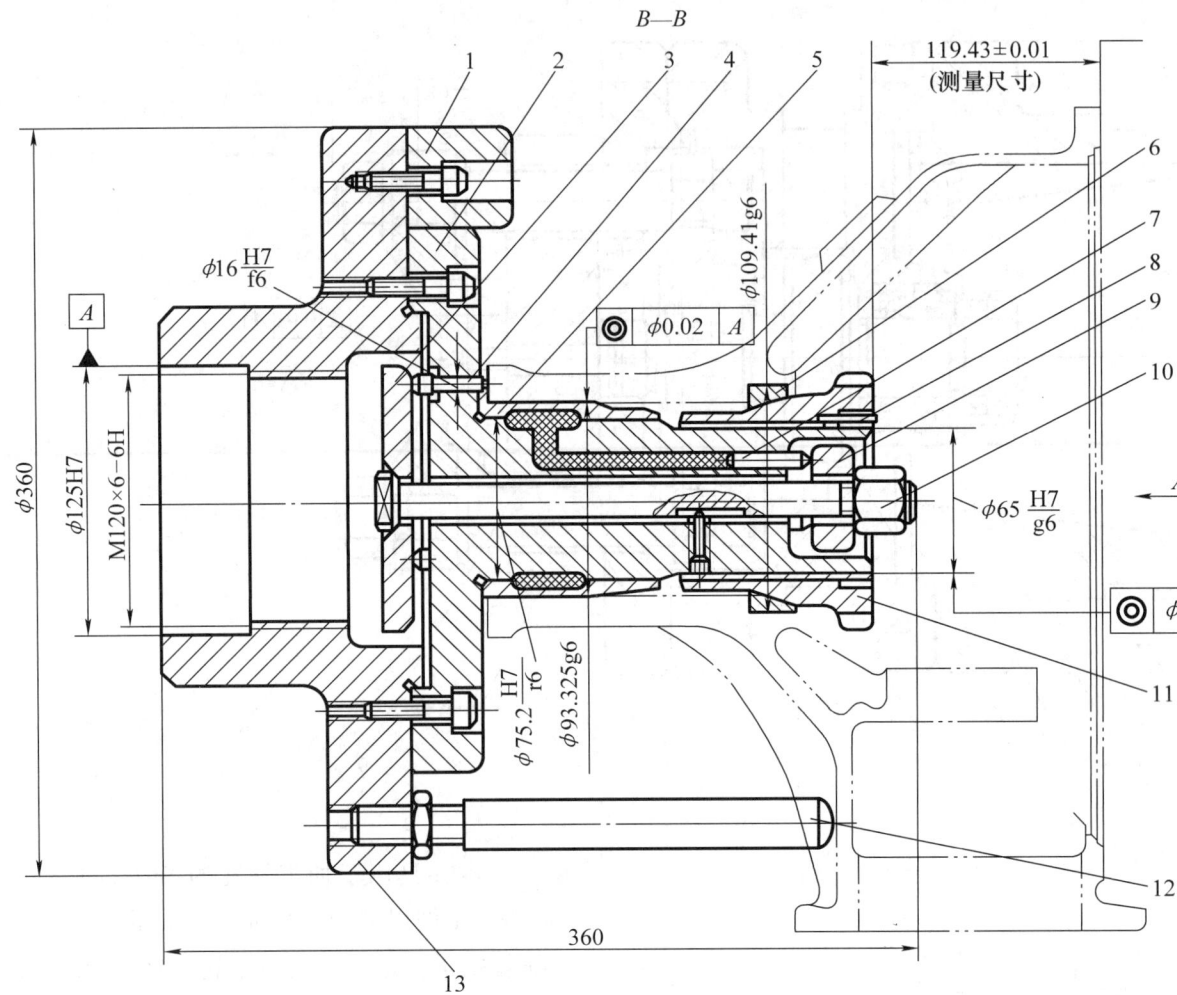

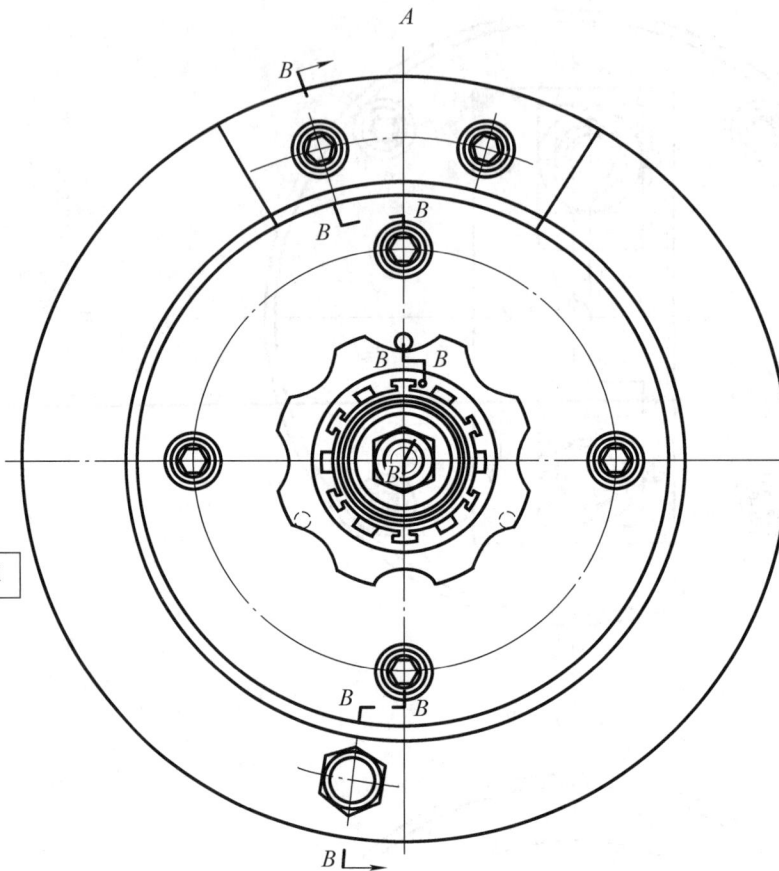

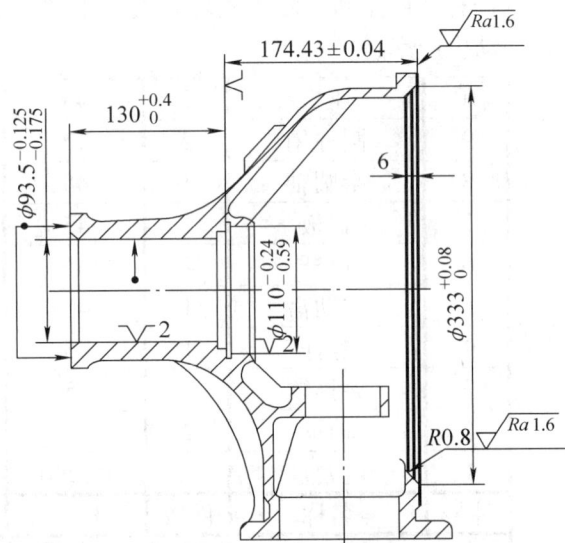

本夹具用于加工后桥壳体的端面和内孔（工件材料为 HT200）。工件以 $\phi93.5^{-0.125}_{-0.175}$ mm 孔、$\phi110^{-0.24}_{-0.59}$ mm 孔及其端面在薄壁套 5、可卸式锥套 6 上定位。装夹时先装入件 6、11，并利用花键锥套 11 上的内花键与夹具体花键槽错位固定。拧紧螺母 10 使顶杆 4、薄壁套 5 联动夹紧工件。本夹具定位精度高，结构构思巧妙。

| 13 | 过渡盘 | 1 | HT150 | |
| 12 | 拨杆 | 1 | 35 | |
| 11 | 花键锥套 | 1 | T7 | 50~55HRC |
| 10 | 螺母 | 1 | 45 | |
| 9 | 压环 | 1 | 45 | 40~45HRC |
| 8 | 挡销 | 1 | 35 | |
| 7 | 滑柱 | 3 | 45 | 40~45HRC |
| 6 | 可卸式锥套 | 1 | T7 | 50~55HRC |
| 5 | 薄壁套 | 1 | 40Cr | 40~45HRC |
| 4 | 顶杆 | 3 | 45 | 40~45HRC |
| 3 | 圆盘 | 1 | 35 | 30~35HRC |
| 2 | 夹具体 | 1 | 45 | 调质 25~30HRC |
| 1 | 平衡块 | 1 | HT150 | |
| 件号 | 名称 | 件数 | 材料 | 备注 |

**车 -4　液性塑料定心夹紧车床夹具**

$\phi D$

$\phi 150$

265

$H$

| $\perp$ | 0.025 | $A$ |

$A$

$B$

$B$

$\phi 18h6$

| $\oplus$ | $\phi 0.025$ | $A$ |

$K$

$K$

$B-B$

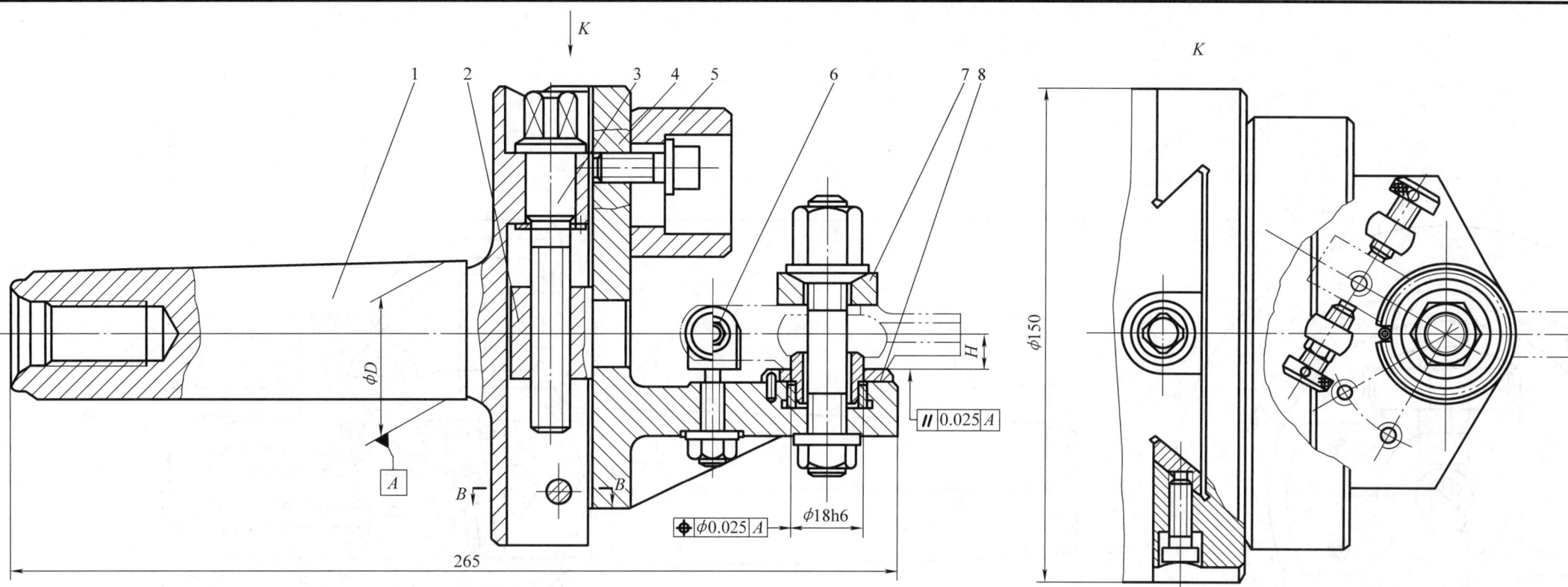

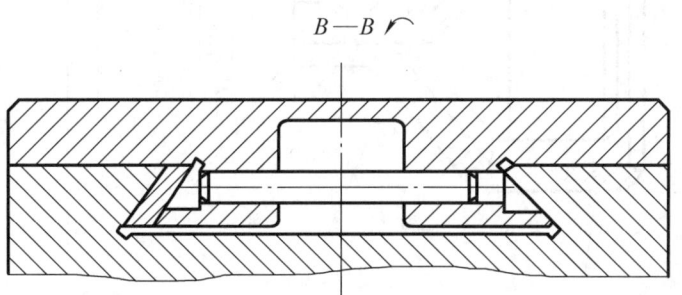

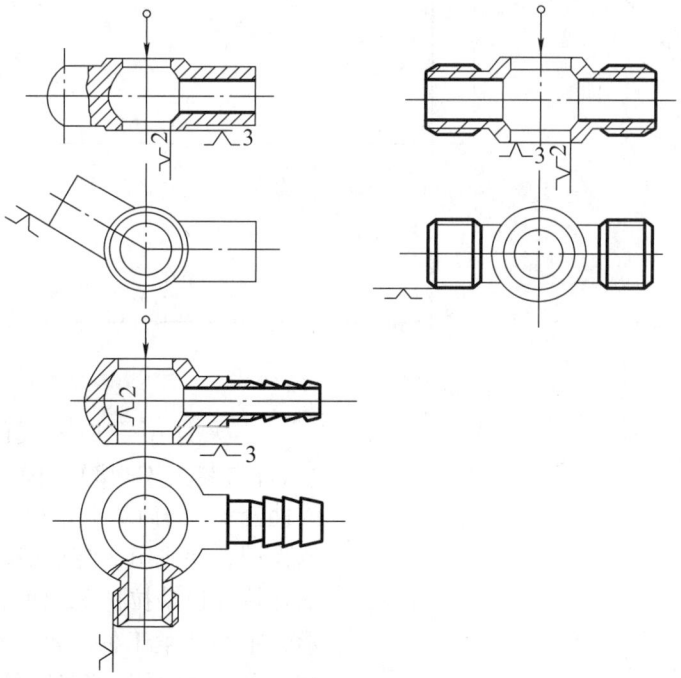

本夹具用于加工管接头零件族的内外圆面。工件主要以孔和端面在定位件8、支承6上定位。可调整元件为螺杆3、调节螺母2、角铁4、压块7、支承6、定位件8。平衡块5也可按工件调整位置。本夹具适用于三通、四通管接头的加工，$H=5\sim35$mm。

| 8 | 定位件 | | 45 | 40~45HRC |
|---|---|---|---|---|
| 7 | 压块 | | 45 | 35~40HRC |
| 6 | 支承 | 2 | 45 | 35~40HRC |
| 5 | 平衡块 | 1 | HT150 | |
| 4 | 角铁 | 1 | HT200 | |
| 3 | 螺杆 | 1 | 45 | 35~40HRC |
| 2 | 调节螺母 | 1 | 45 | |
| 1 | 夹具体 | 1 | 45 | 40~45HRC |
| 件号 | 名称 | 件数 | 材料 | 备注 |

**车-5 管接头成组车床夹具**

$B-B$

$\phi 10 \dfrac{F8}{h6}$　　$\phi 10 \dfrac{K7}{h6}$

$\phi 150$

$\phi d$　$\dfrac{H7}{f6}$　$\phi 38$

$\phi 21 f7$

$\phi 0.03\ A$

$0.05\ A$

18

260

$Ra3.2$

$20 \pm 0.2$

$Ra3.2$

$\phi 21H7$

64　34

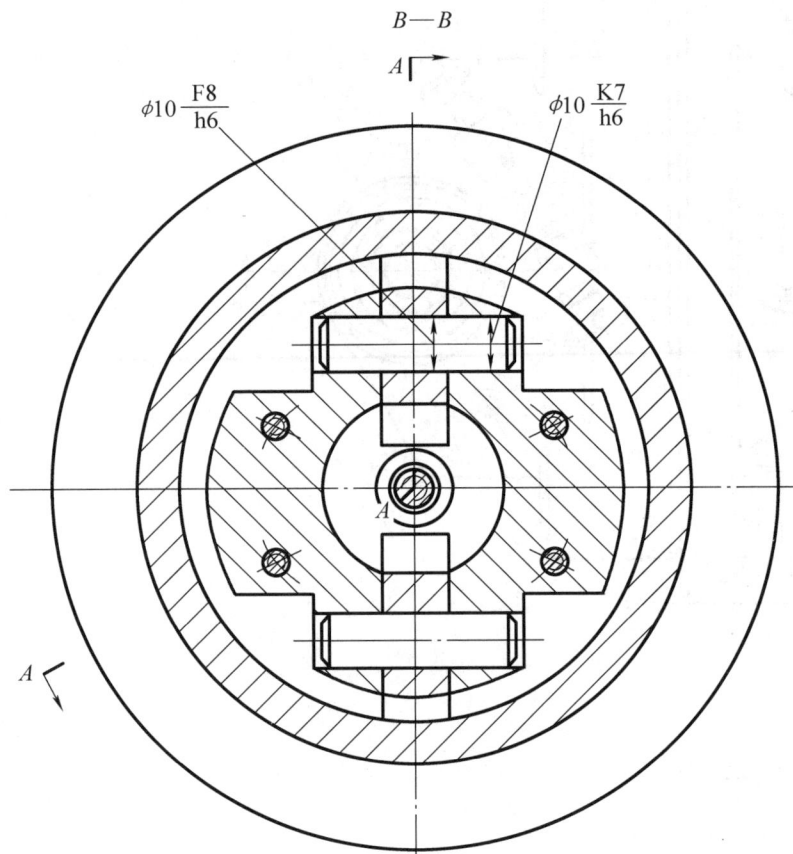

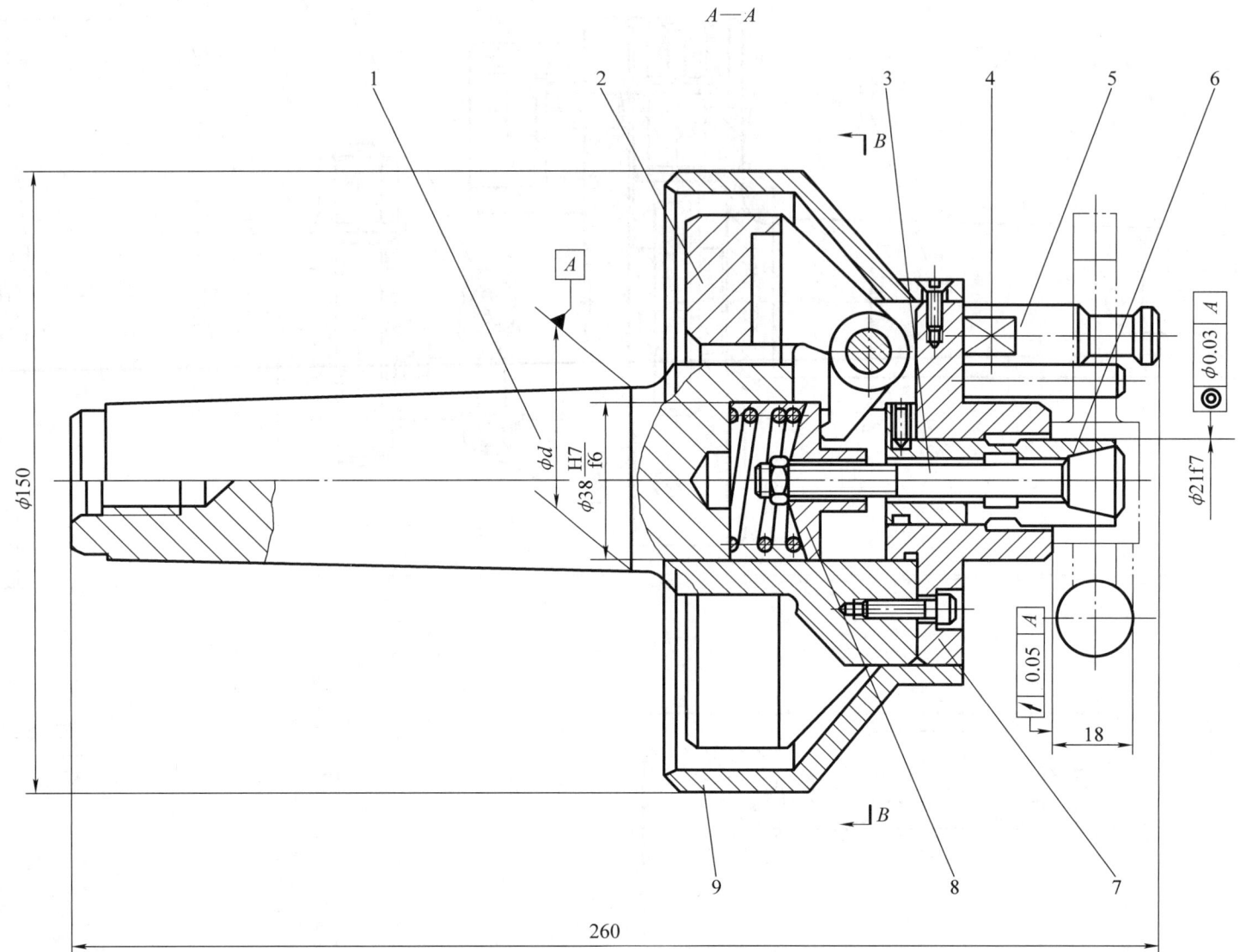

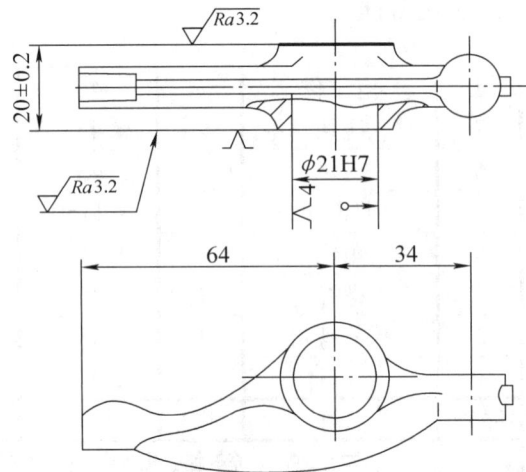

本夹具用于加工气门摇臂轴孔的两端面（工件材料为 QT420 - 10）。工件以孔及端面在弹性套 6、套筒 7 上定位。开车时，由于离心力的作用，使飞锤 2 绕轴销转动，并迫使压盘 8 压缩弹簧并拉动拉杆 3，使弹性套 6 产生弹性小变形，定心夹紧工件。定位杆 5 上的 V 形槽用于加工第一端 面时轴向定位。车第二端面时拆去定位杆。本夹具有较高劳动生产率，但夹紧力较小。

| 9 | 罩壳 | 1 | Q195 | |
| 8 | 压盘 | 1 | 35 | |
| 7 | 套筒 | 1 | 45 | 40～45HRC |
| 6 | 弹性套 | 1 | 65Mn | 55～60HRC |
| 5 | 定位杆 | 1 | 45 | 40～45HRC |
| 4 | 圆柱销 | 1 | 35 | 40～45HRC |
| 3 | 拉杆 | 1 | 45 | |
| 2 | 飞锤 | 2 | 45 | 调质 25～30HRC |
| 1 | 夹具体 | 1 | 45 | 40～45HRC |
| 件号 | 名称 | 件数 | 材料 | 备注 |

## 车－6　离心力夹紧车床夹具

B—B

$\phi 20 \frac{H7}{h6}$

$\boxed{\textcircled{\scriptsize\textbullet}\ \phi 0.02\ A}$

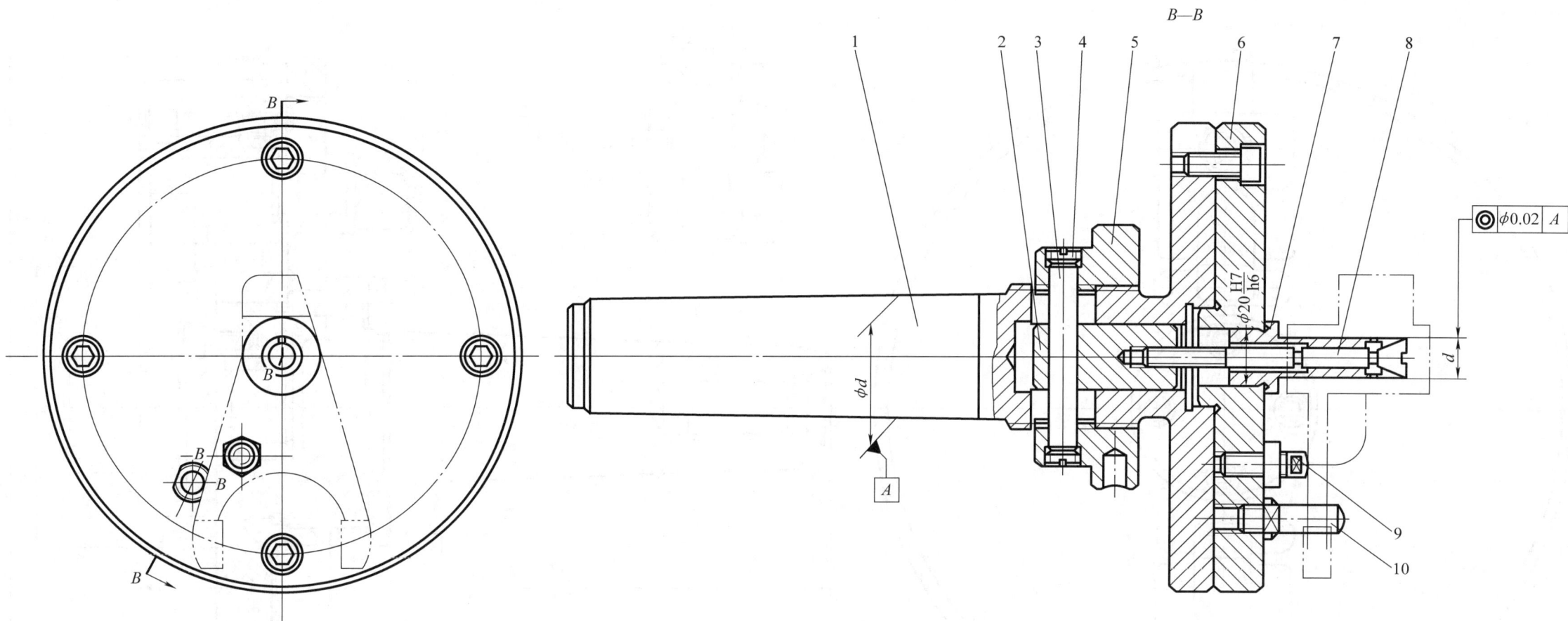

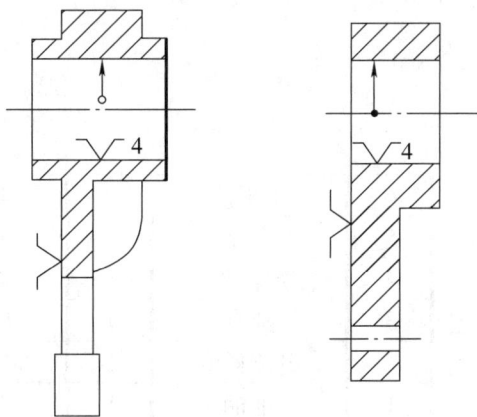

本夹具用于加工拨叉零件族的端面。工件以内孔与侧面在心轴7、支承9上定位并夹紧。可调元件为心轴7、支承9、拉杆8、螺母2。其中心轴直径 $d$ 可按拨叉的孔径配制。

| 10 | 挡销 | 1 | 45 | 50~55HRC |
|----|------|----|------|-----------|
| 9 | 支承 | 1 | 35 | |
| 8 | 拉杆 | 1 | 35 | |
| 7 | 心轴 | 1 | 65Mn | 52~58HRC |
| 6 | 圆盘 | 1 | 45 | |
| 5 | 转套 | 1 | 45 | 35~40HRC |
| 4 | 螺钉 | 2 | 45 | |
| 3 | 小轴 | 1 | 45 | 35~40HRC |
| 2 | 螺母 | 1 | 45 | 40~45HRC |
| 1 | 锥柄 | 1 | 45 | 40~45HRC |
| 件号 | 名称 | 件数 | 材料 | 备注 |
| | 车 −7 | | 拨叉成组车床夹具 | |

$B-B$

$A-A$

$\phi D$

$\phi 200$

$d$

185

$\boxed{\text{/} \;|\; 0.02 \;|\; C}$

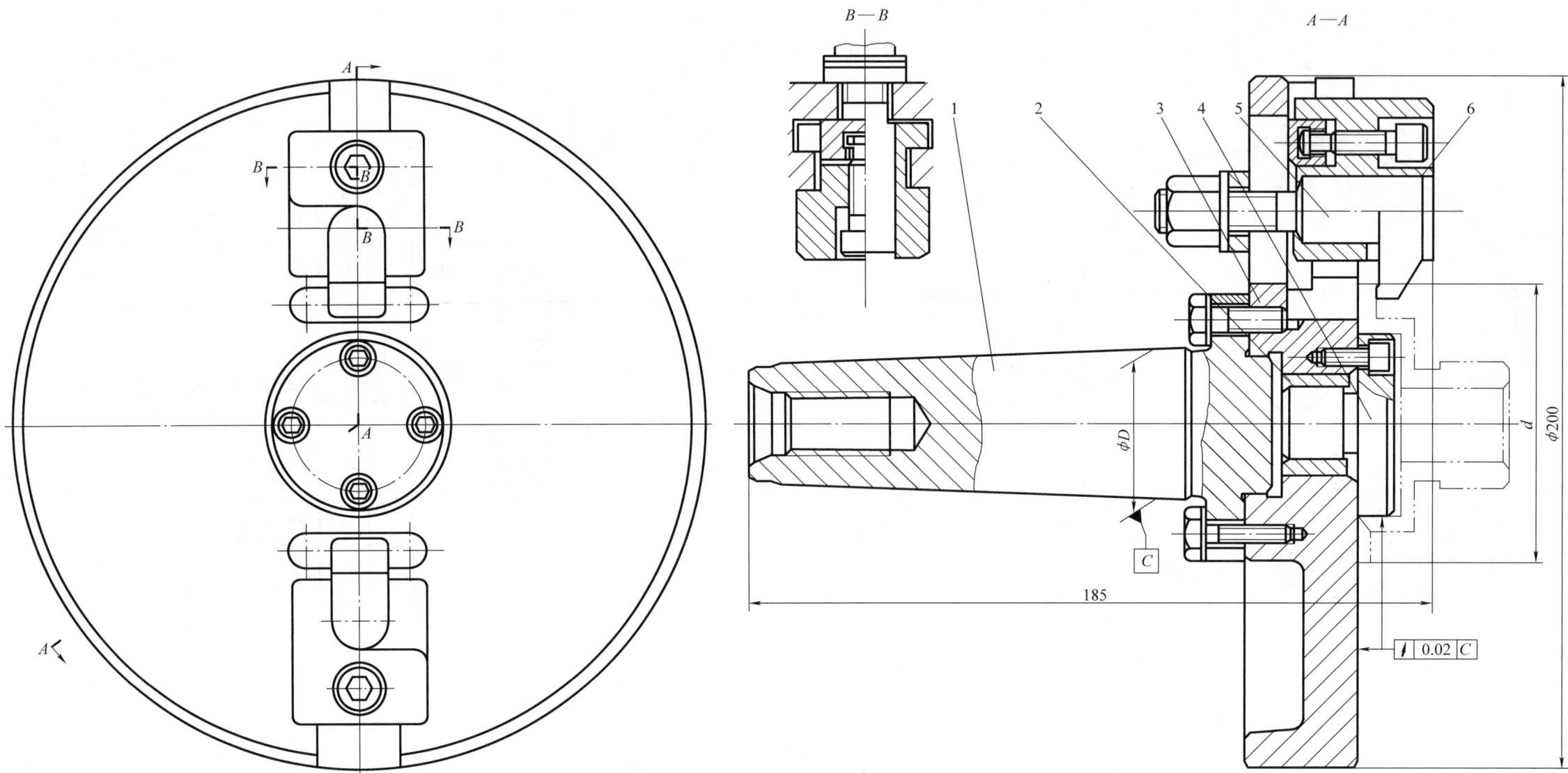

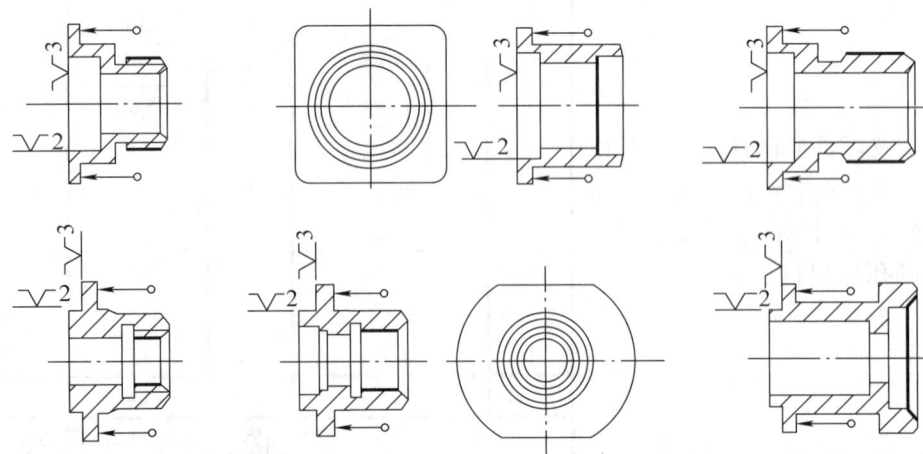

本夹具用于加工盘套类零件族的外圆、内圆及端面。可调元件为压板座6、钩形压板5、定位件4。本夹具适用于装夹直径 $d < 120\text{mm}$ 的工件。

| 件号 | 名称 | 件数 | 材料 | 备注 |
|------|------|------|------|------|
| 6 | 压板座 | 2 | 45 | 40～45HRC |
| 5 | 钩形压板 | 2 | 45 | 30～35HRC |
| 4 | 定位件 |  | 45 | 40～45HRC |
| 3 | 圆盘 | 1 | 40Cr | 40～45HRC |
| 2 | 定位衬套 | 1 | T10A | 50～55HRC |
| 1 | 锥柄 | 1 | 45 | 40～45HRC |

**车－8 盘套类零件成组车床夹具**

$A$—$A$

$B$—$B$

$\phi 6 \dfrac{H7}{n6}$

$\perp$ $\phi 0.01$ $M$

$\frown$ $C$—$C$

$\phi 360$

$\phi 50 \dfrac{H7}{k6}$

$\phi 16H7(^{+0.018}_{0})$

$\parallel$ $0.02$ $M$

$M$

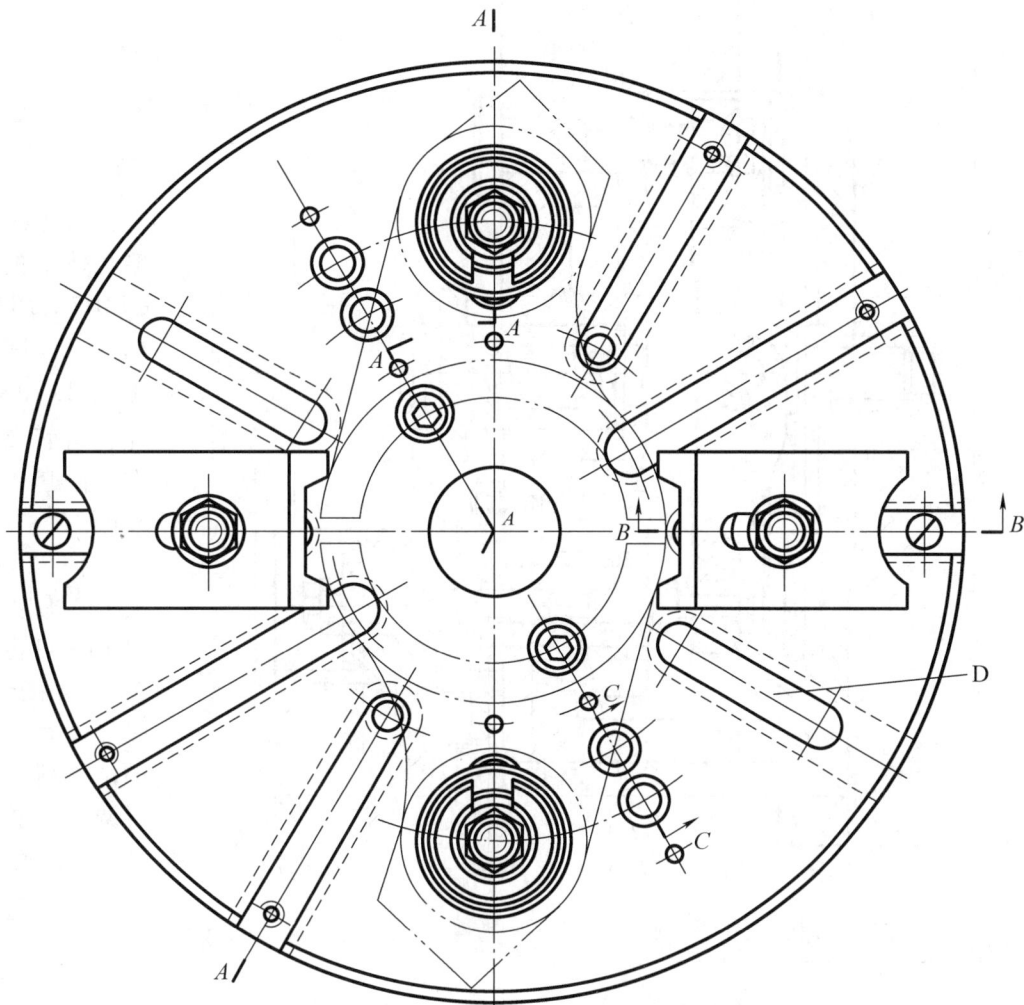

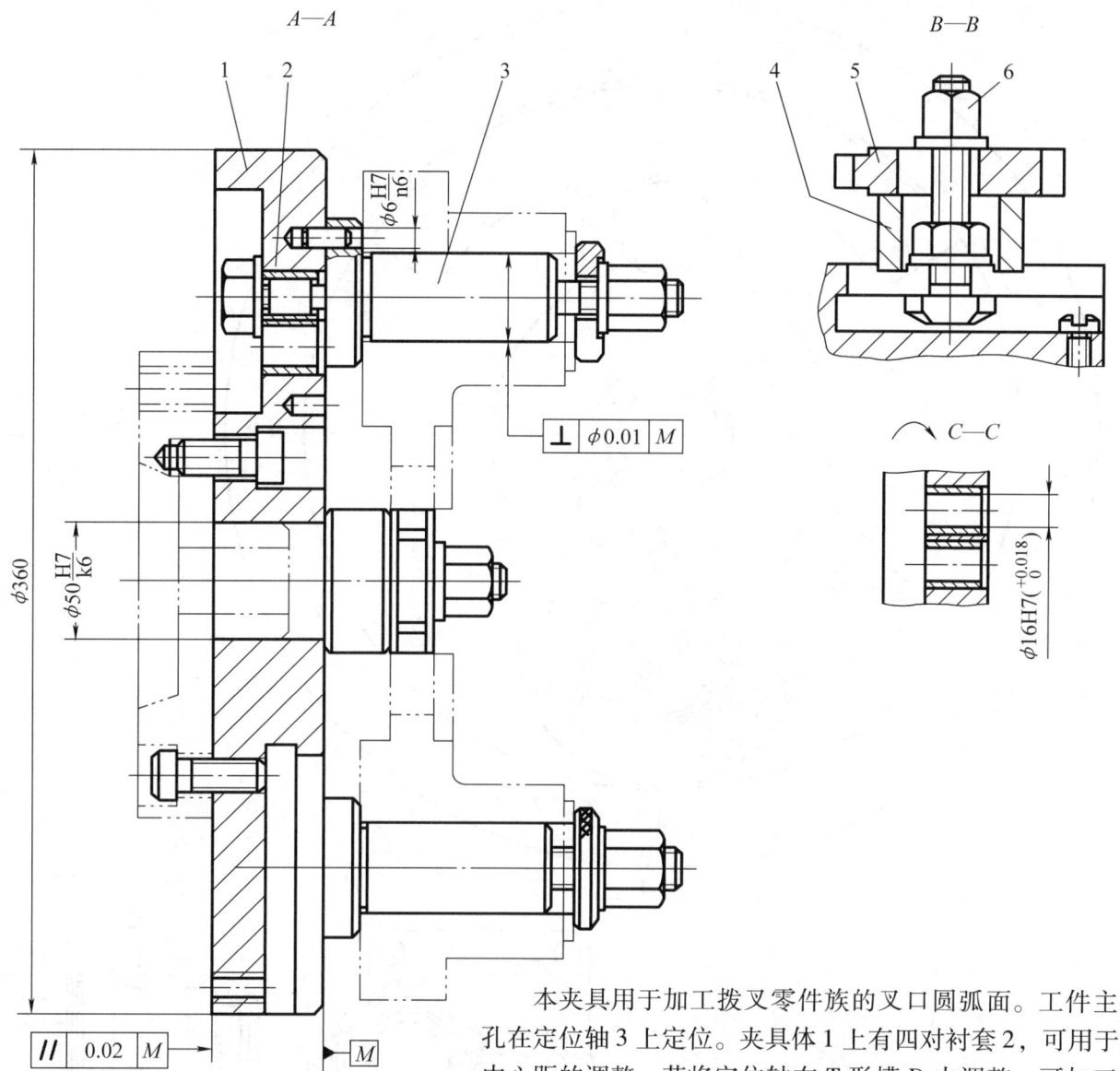

本夹具用于加工拨叉零件族的叉口圆弧面。工件主要以
孔在定位轴3上定位。夹具体1上有四对衬套2,可用于四种
中心距的调整;若将定位轴在T形槽D内调整,可加工中心
距在一定范围内的零件。本夹具可同时加工两个工件,用压
板5、螺母6夹紧。

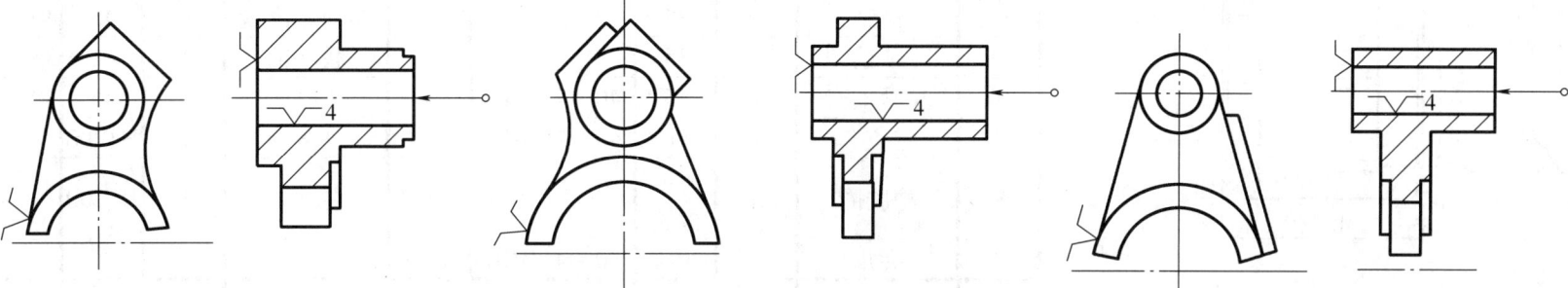

∇4  ∇4  ∇4

| 件号 | 名称 | 件数 | 材料 | 备注 |
|---|---|---|---|---|
| 6 | 螺母 | 2 | 35 | |
| 5 | 压板 | 2 | 45 | 40～45HRC |
| 4 | 垫圈 | 2 | 45 | |
| 3 | 定位轴 | | 45 | 40～45HRC |
| 2 | 衬套 | 8 | 45 | 40～45HRC |
| 1 | 夹具体 | 1 | HT200 | |

车 -9  拨叉叉口成组车床夹具

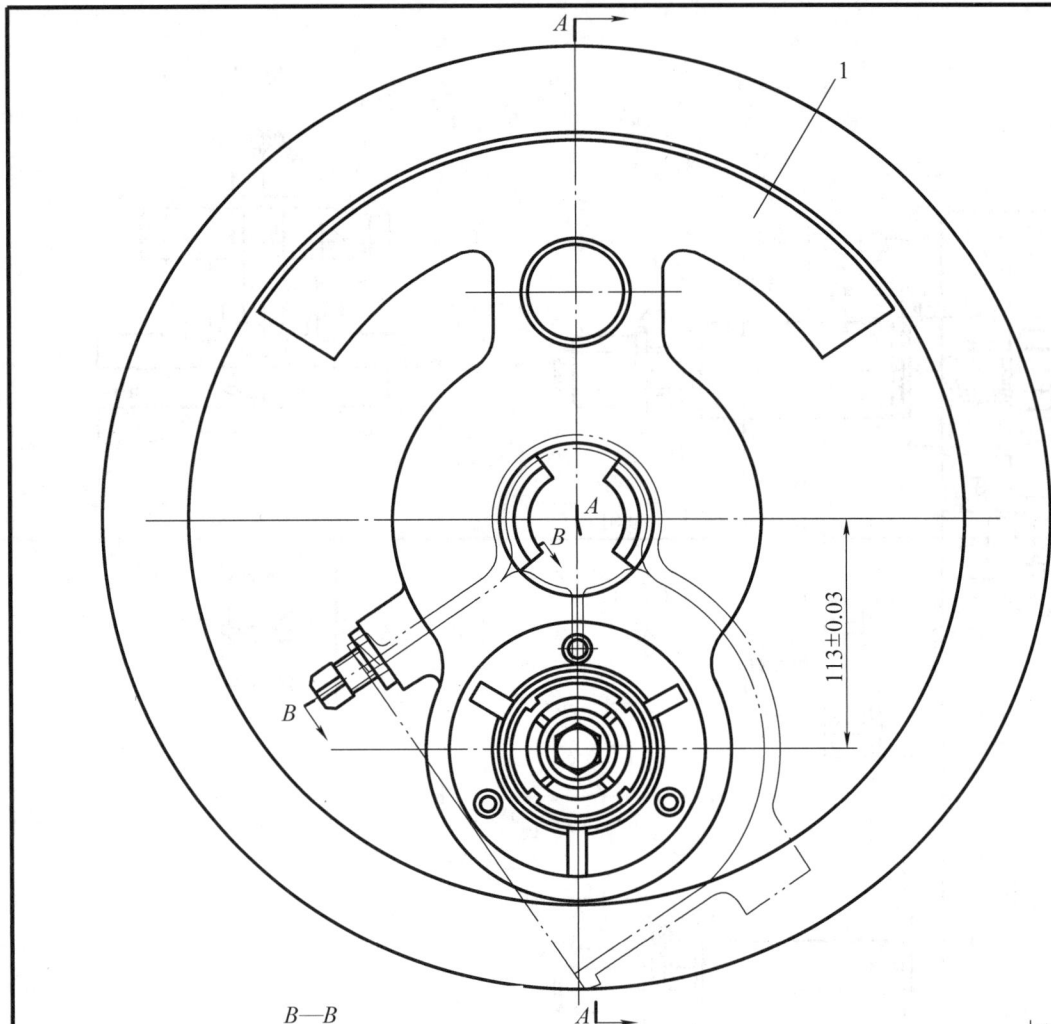

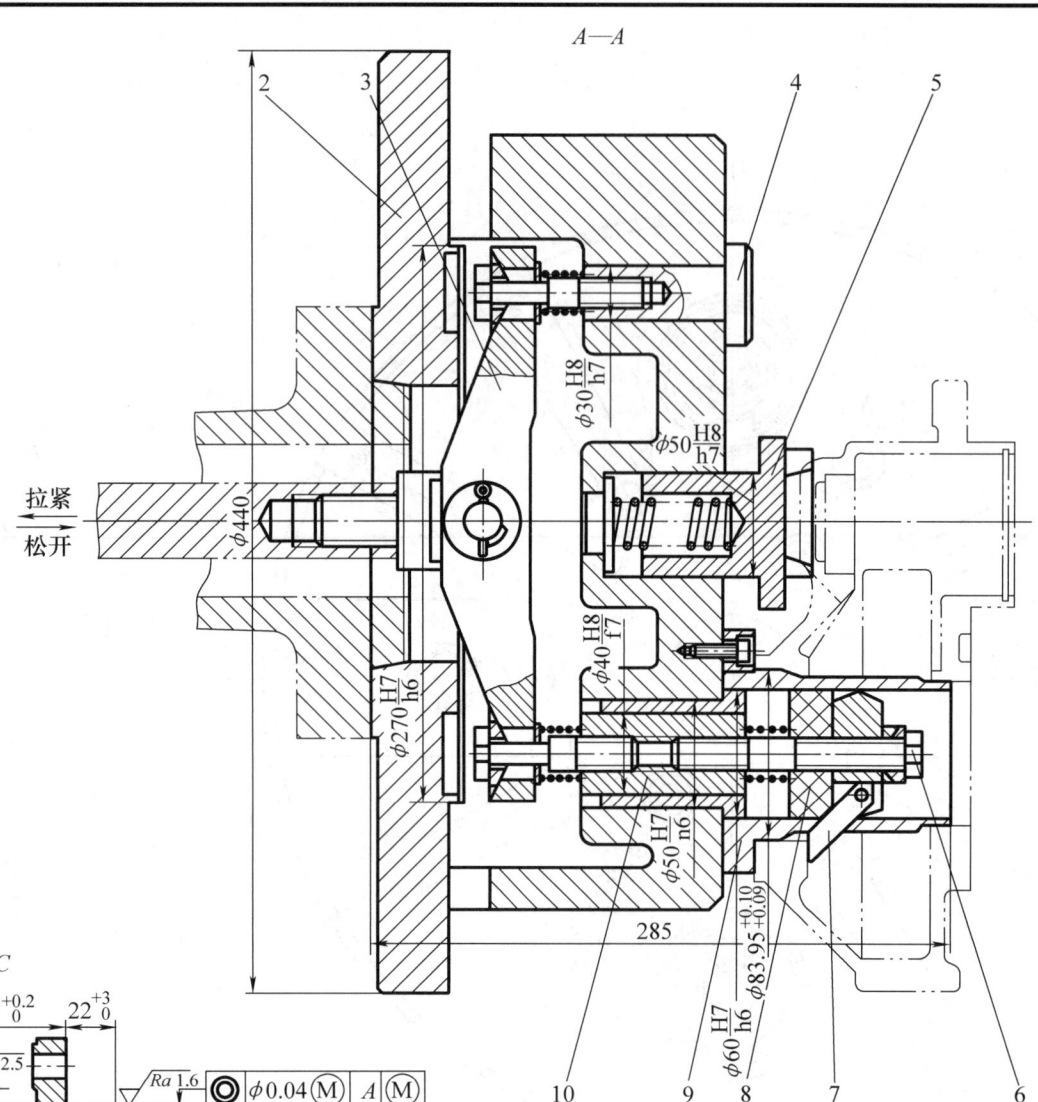

本夹具用于加工传动
箱壳体上的 φ82h7 外圆、
φ72H7、φ52H7 孔及端平
面（工件材料为 HT200）。
工件以 φ83.95 $^{+0.12}_{+0.08}$ mm
孔、端面及 φ65mm 外圆
在定位套9、浮动定位盘
5 上定位。液压传动拉杆，
经杠杆3、拉紧轴套10、
夹爪7 夹紧工件。转动螺
钉13，可将浮动定位盘5
锁紧。由于一次装夹加工
多处表面，故易保证工件
的位置精度。调整螺栓6
可调整夹紧力。本夹具装
卸工件迅速，夹紧可靠。

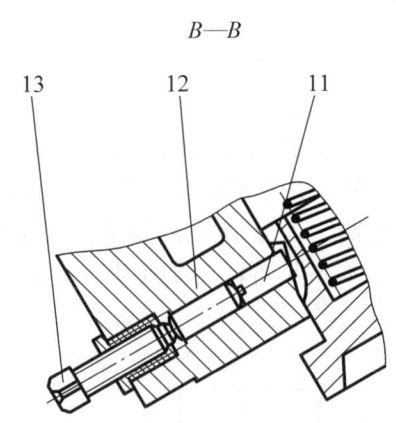

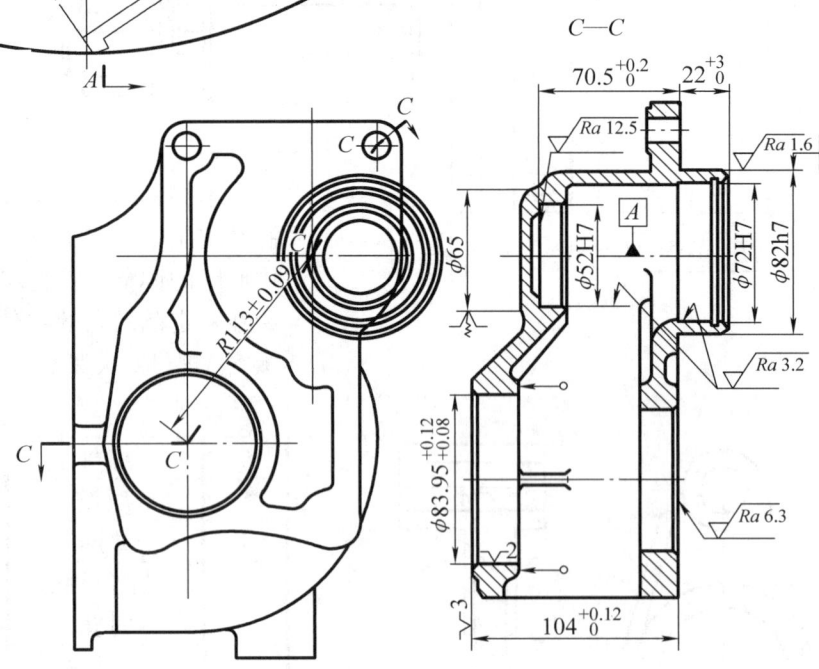

| 13 | 螺钉 | 1 | 35 | | 6 | 调整螺栓 | 1 | 45 | |
|---|---|---|---|---|---|---|---|---|---|
| 12 | 滑销 | 1 | 35 | | 5 | 浮动定位盘 | 1 | 45 | 40～45HRC |
| 11 | 顶销 | 1 | 35 | | 4 | 联动轴 | 1 | 45 | 35～40HRC |
| 10 | 拉紧轴套 | 1 | 45 | 40～45HRC | 3 | 杠杆 | 1 | 45 | 40～45HRC |
| 9 | 定位套 | 1 | 40Cr | 40～45HRC | 2 | 过渡盘 | 1 | HT200 | |
| 8 | 橡胶圈 | 3 | 耐油橡胶 | | 1 | 夹具体 | 1 | HT200 | |
| 7 | 夹爪 | 1 | 20Cr | 40～45HRC | | | | | |
| 件号 | 名称 | 件数 | 材料 | 备注 | 件号 | 名称 | 件数 | 材料 | 备注 |

**车-10　液压夹紧车床夹具**

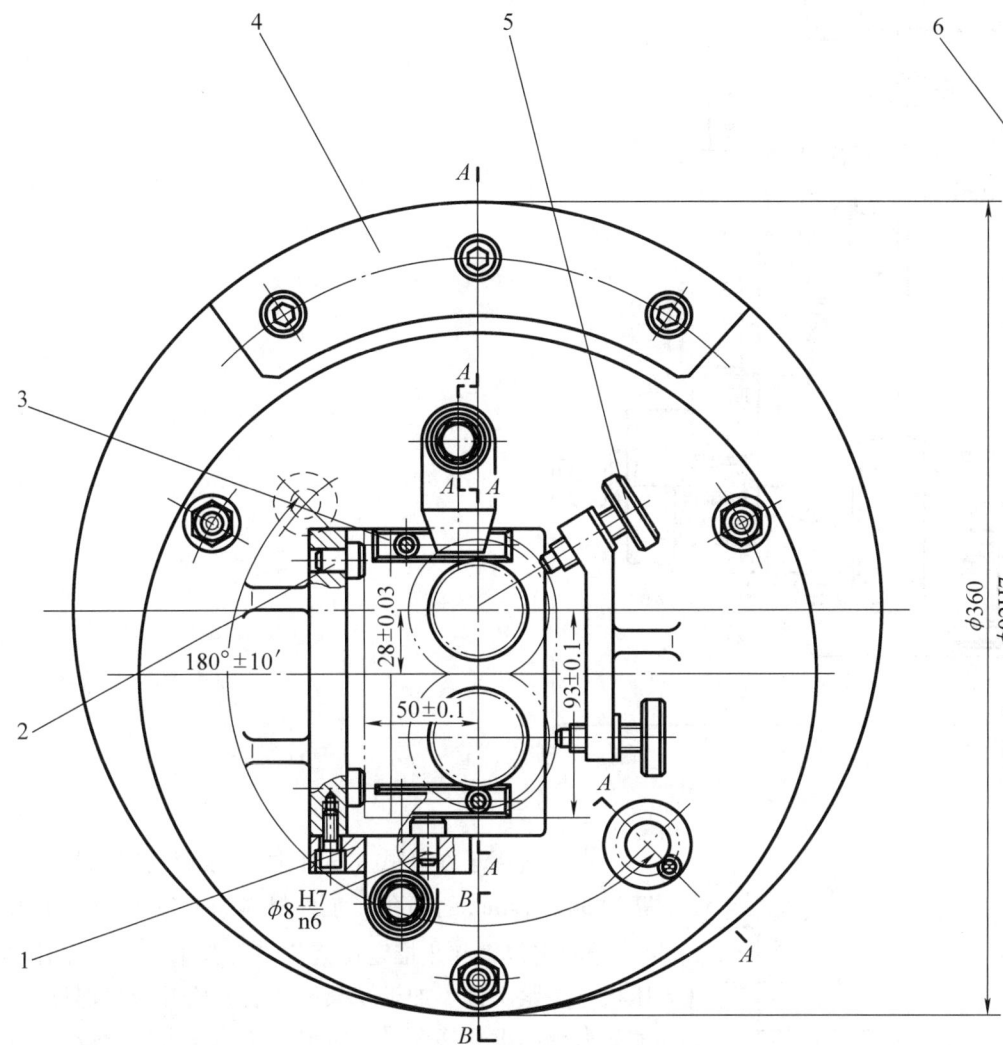

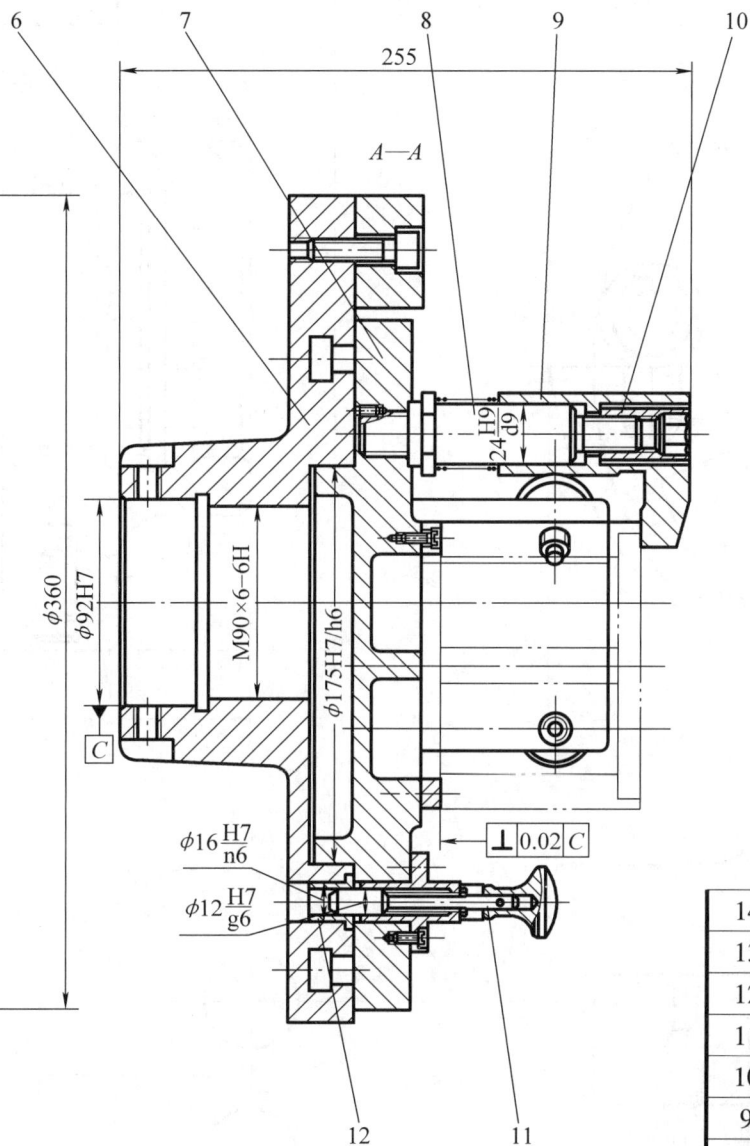

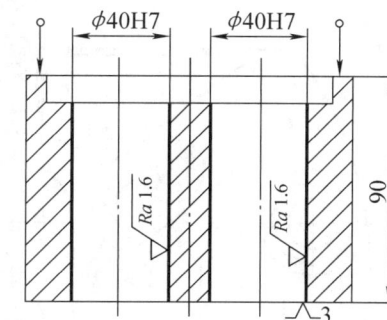

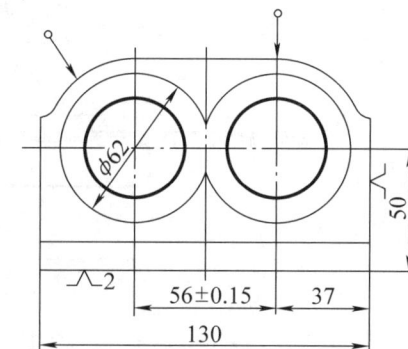

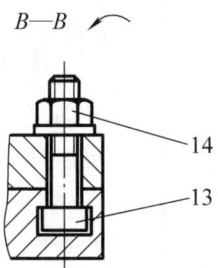

本夹具使用在卧式车床上，加工阀体上 φ40H7 两孔（工件材料为 HT200）。

工件由夹具上两支承板 3、两导向支承钉和一止推支承钉 2 定位。通过两螺钉和两钩形压板夹紧。

车完一孔后，松开三个螺母 14，拔出分度对定销 11，使分度盘 7 回转 180°，当分度对定销 11 进入另一对定孔后，拧紧螺母 14，使分度盘锁紧，即可加工另一孔。

| 件号 | 名称 | 件数 | 材料 | 备注 |
|------|------|------|------|------|
| 14 | 螺母 | 3 | 30 | |
| 13 | T 形螺栓 | 3 | 30 | |
| 12 | 衬套 | 2 | 45 | 40～45HRC |
| 11 | 分度对定销 | 1 | 45 | 40～45HRC |
| 10 | 螺母 | 2 | 30 | |
| 9 | 钩形压板 | 2 | 45 | 40～45HRC |
| 8 | 螺柱 | 2 | 35 | |
| 7 | 分度盘 | 1 | HT200 | |
| 6 | 过渡盘 | 1 | HT200 | |
| 5 | 螺钉 | 2 | 30 | |
| 4 | 平衡块 | 1 | HT200 | |
| 3 | 支承板 | 2 | T7A | 55～60HRC |
| 2 | 止推支承钉 | 3 | T7A | 55～60HRC |
| 1 | 挡板 | 1 | 45 | 40～45HRC |
| 件号 | 名称 | 件数 | 材料 | 备注 |

## 车–11　带分度装置的车床夹具

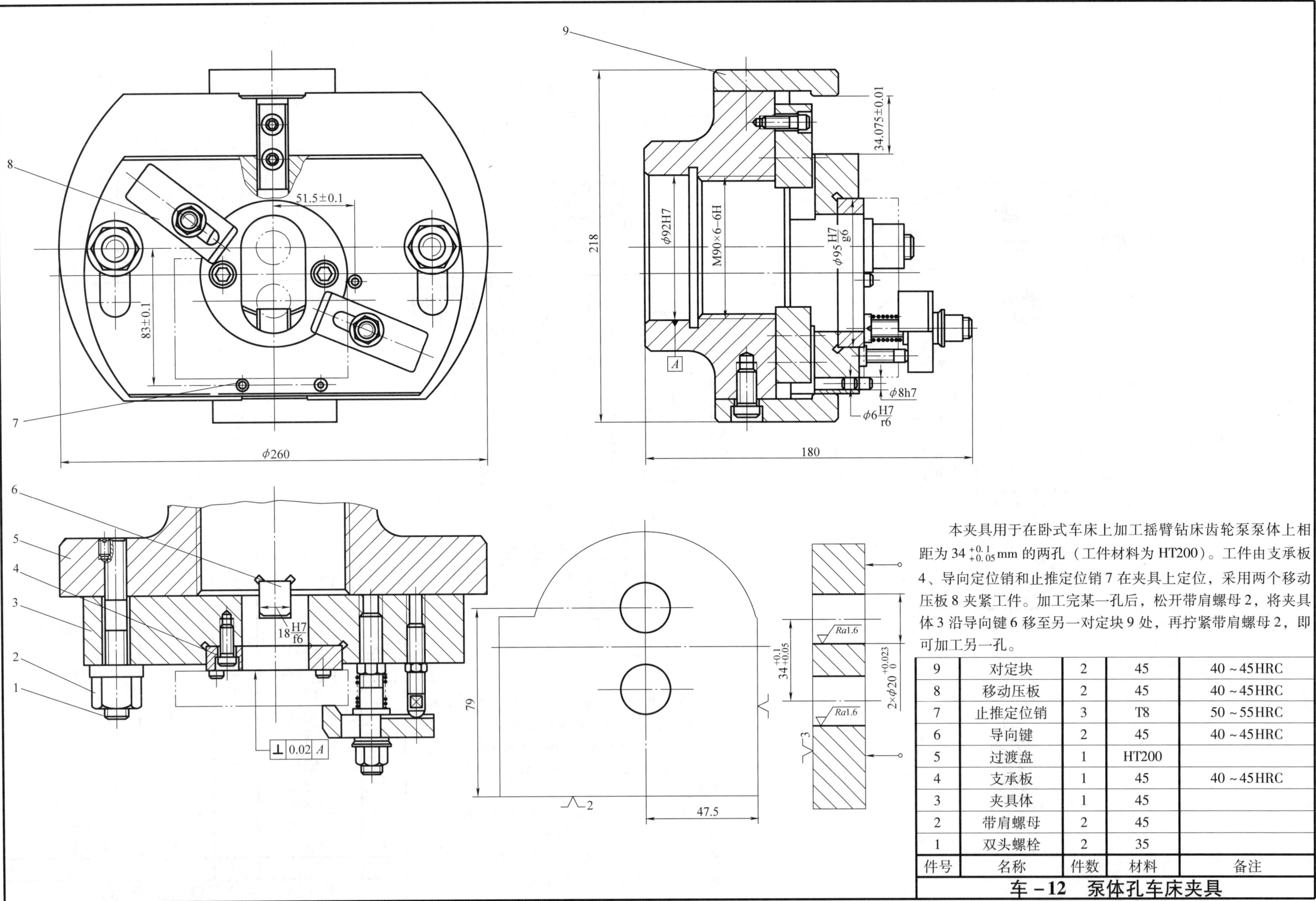

本夹具用于在卧式车床上加工摇臂钻床齿轮泵泵体上相距为 $34_{+0.05}^{+0.1}$ mm 的两孔（工件材料为HT200）。工件由支承板4、导向定位销和止推定位销7在夹具上定位，采用两个移动压板8夹紧工件。加工完某一孔后，松开带肩螺母2，将夹具体3沿导向键6移至另一对定块9处，再拧紧带肩螺母2，即可加工另一孔。

| 件号 | 名称 | 件数 | 材料 | 备注 |
|------|------|------|------|------|
| 9 | 对定块 | 2 | 45 | 40~45HRC |
| 8 | 移动压板 | 2 | 45 | 40~45HRC |
| 7 | 止推定位销 | 3 | T8 | 50~55HRC |
| 6 | 导向键 | 2 | 45 | 40~45HRC |
| 5 | 过渡盘 | 1 | HT200 | |
| 4 | 支承板 | 1 | 45 | 40~45HRC |
| 3 | 夹具体 | 1 | 45 | |
| 2 | 带肩螺母 | 2 | 45 | |
| 1 | 双头螺栓 | 2 | 35 | |

**车－12　泵体孔车床夹具**

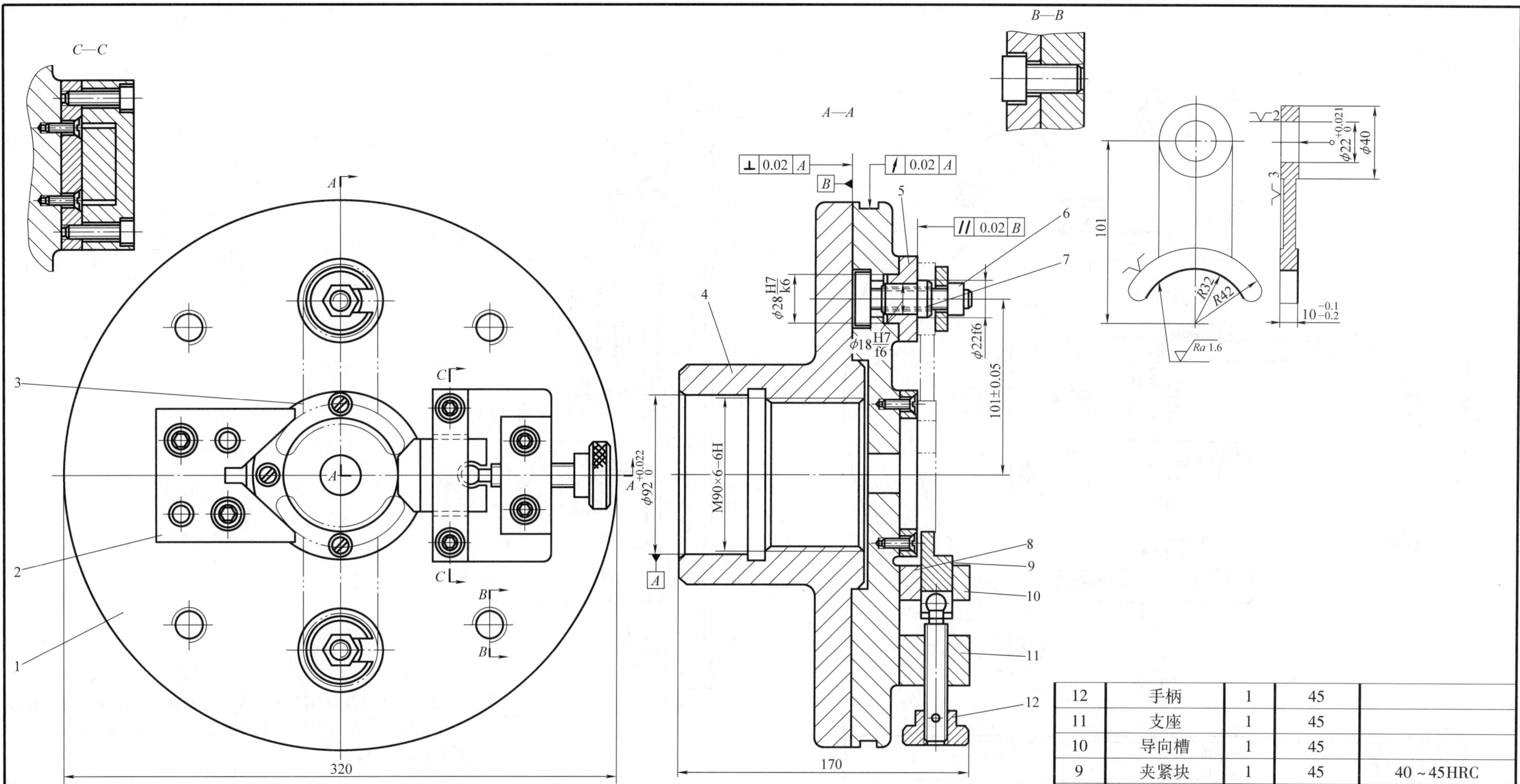

$C—C$

$A—A$

$B—B$

$\perp | 0.02 | A$

$/ | 0.02 | A$

$B$

$// | 0.02 | B$

5

6

7

$\phi 28 \dfrac{H7}{k6}$

$\phi 18 \dfrac{H7}{f6}$

$\phi 22 f6$

$101 \pm 0.05$

4

$\phi 92^{+0.022}_{0}$

$M90 \times 6\text{-}6H$

$A$

8

9

10

11

12

320

170

3

2

1

$\phi 22^{+0.021}_{0}$

$\phi 40$

101

$R32$

$R42$

$10^{-0.1}_{-0.2}$

$\sqrt{Ra\,1.6}$

本夹具用于在卧式车床上车削拨叉 $R42$mm 端面及 $R32$mm 圆弧面（工件材料为 HT200）。工件以左端面、$\phi 22^{+0.021}_{0}$ mm 孔和 $R42$mm 圆弧面作为定位基准，由支承板 3、支承套 5、定位销 7 和固定 V 形块 2 定位。该夹具两件同时装夹，用螺母 6 夹紧，并由夹紧块 9 对两个工件实现侧向夹紧，操作方便。

| 件号 | 名称 | 件数 | 材料 | 备注 |
|---|---|---|---|---|
| 12 | 手柄 | 1 | 45 | |
| 11 | 支座 | 1 | 45 | |
| 10 | 导向槽 | 1 | 45 | |
| 9 | 夹紧块 | 1 | 45 | 40~45HRC |
| 8 | 垫块 | 1 | 45 | |
| 7 | 定位销 | 2 | 45 | 40~45HRC |
| 6 | 螺母 | 2 | 30 | |
| 5 | 支承套 | 2 | 45 | 40~45HRC |
| 4 | 过渡盘 | 1 | HT200 | |
| 3 | 支承板 | 1 | T8A | 60~62HRC |
| 2 | 固定 V 形块 | 1 | 45 | 40~45HRC |
| 1 | 夹具体 | 1 | HT200 | |

**车－13　多件装夹车床夹具**

本夹具用于加工刀架上的 $\phi 48^{+0.40}_{+0.35}$ mm 外圆，$\phi 22H7$ 孔及端面（工件材料为 HT200）。工件以底面、侧面及端面在支承钉 7 上定位，并由螺旋式定心夹紧机构及螺钉夹紧。本夹具结构设计紧凑。

| 8 | 螺钉 | 1 | 45 | |
|---|------|---|------|---|
| 7 | 支承钉 | 4 | T7A | 53～58HRC |
| 6 | 钳口 | 2 | 45 | 38～42HRC |
| 5 | 螺母滑座 | 2 | 45 | |
| 4 | 卡爪 | 2 | 45 | 38～42HRC |
| 3 | 螺杆 | 1 | 45 | 38～42HRC |
| 2 | 平衡块 | 2 | HT200 | |
| 1 | 夹具体 | 1 | HT200 | |
| 件号 | 名称 | 件数 | 材料 | 备注 |

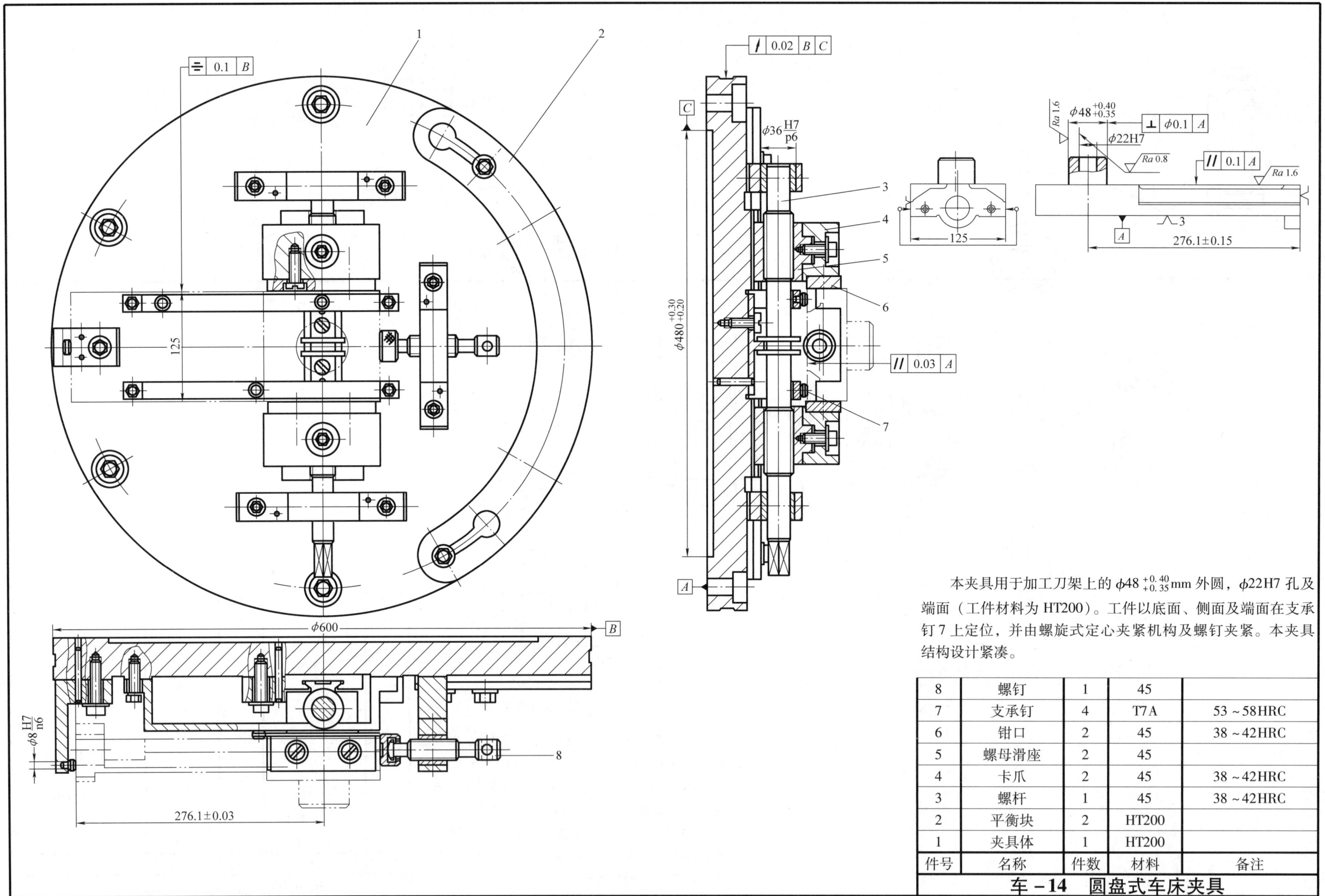

**车－14　圆盘式车床夹具**

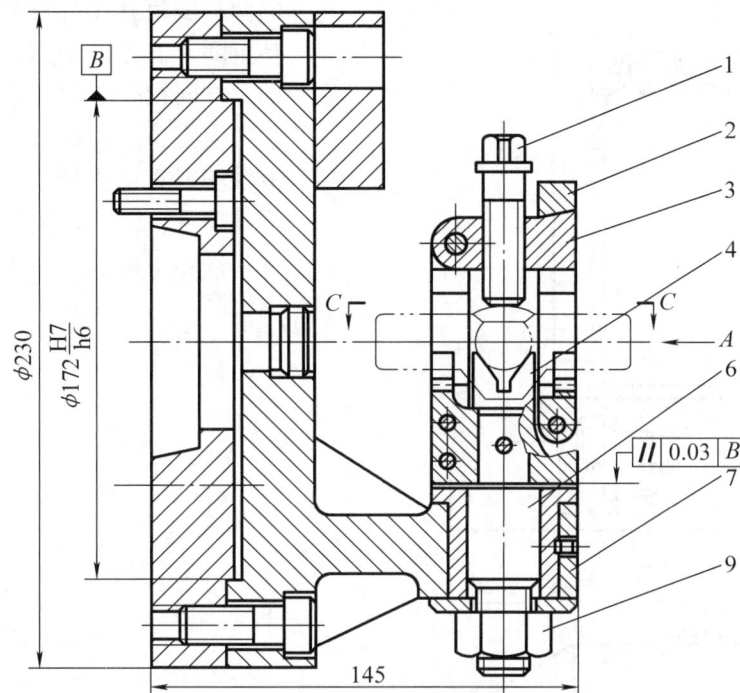

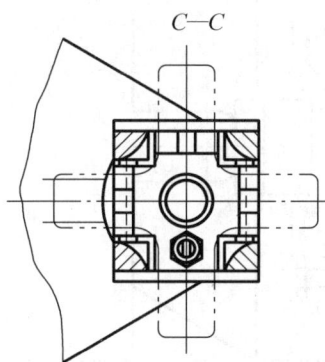

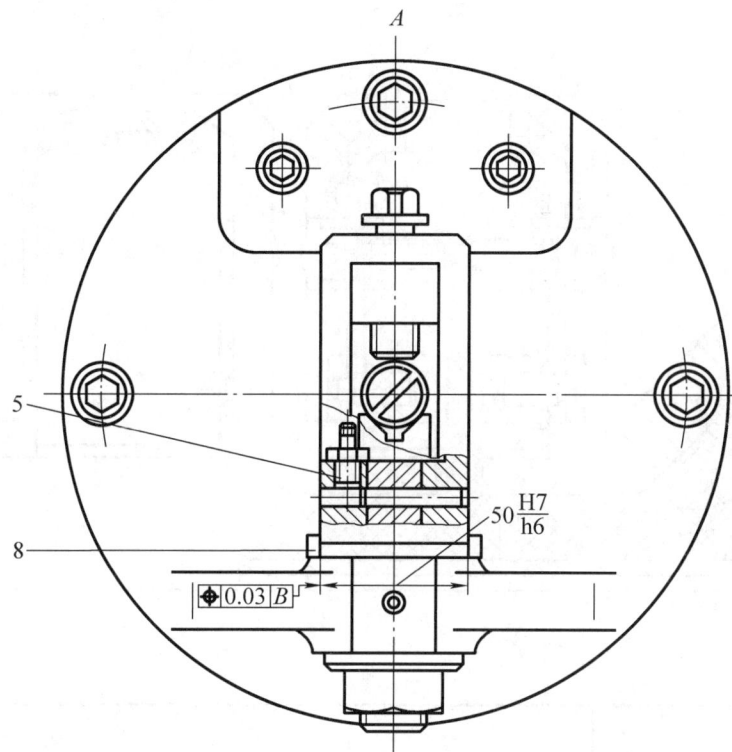

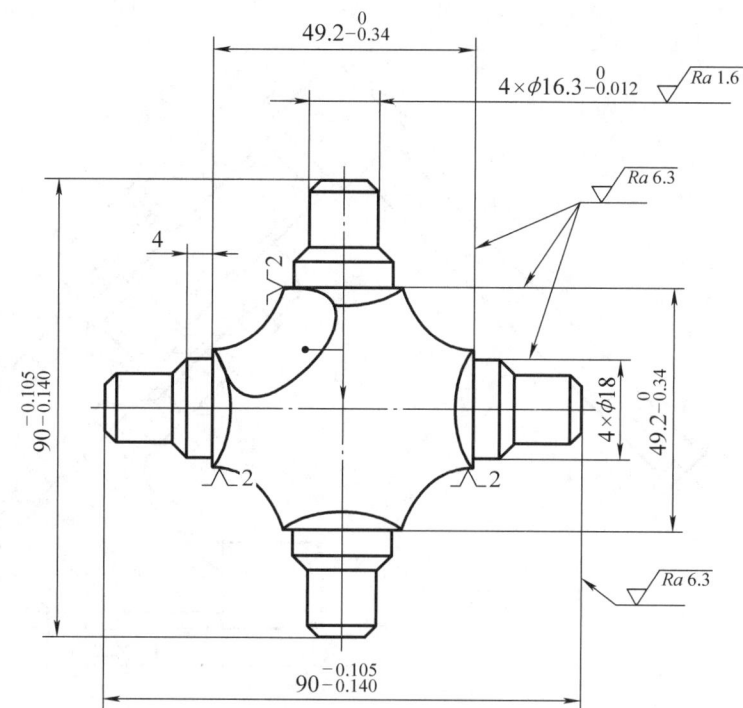

本夹具用于加工汽车十字轴上四个 $\phi16.3\,_{-0.012}^{\quad 0}$mm、$\phi18$mm 台阶外圆及端面。工件以三个外圆表面作为定位基准，在组合 V 形块 4 上定位。为增加工件定位稳定性，另设置一辅助支承 5。装夹时，先将铰链支架 2 翻倒，待放入工件后，再翻上铰链支架，并夹紧工件。为使工件在装夹时不致产生干涉，将方形截面支架的中间部分制成圆弧形。当工件一端加工完毕后，可松开分度锁紧螺母 9，将转轴提起离开分度块 8 的方槽，工件转位分度并嵌入分度块的方槽中。分度简单、方便。

| 件号 | 名称 | 件数 | 材料 | 备注 |
|---|---|---|---|---|
| 9 | 分度锁紧螺母 | 1 | 45 | 40~45HRC |
| 8 | 分度块 | 1 | 45 | 40~45HRC |
| 7 | 夹具体 | 1 | HT200 | |
| 6 | 转轴 | 1 | 45 | 40~45HRC |
| 5 | 辅助支承 | 1 | 35 | 30~35HRC |
| 4 | 组合 V 形块 | 1 | T7 | 50~55HRC |
| 3 | 铰链板 | 1 | 35 | |
| 2 | 铰链支架 | 1 | 35 | |
| 1 | 螺钉 | 1 | 35 | 两端 30~35HRC |

**车 –15　汽车十字轴车床夹具**

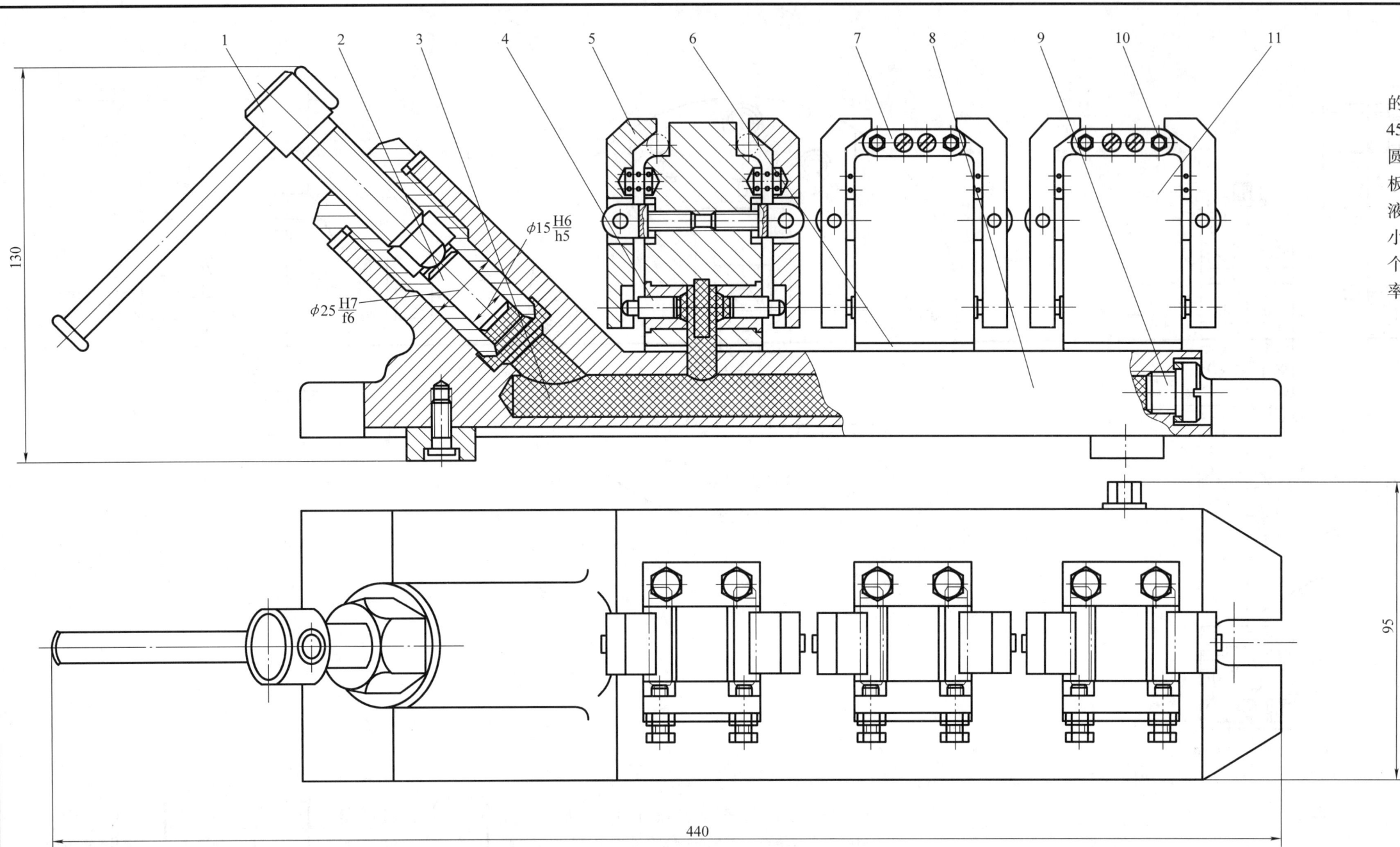

本夹具用于调节齿杆的两端倒角（工件材料为45钢）。工件以平面、外圆及端面在底座11、定位板7上定位。大柱塞2使液性塑料3产生压力，经小柱塞4、压板5夹紧六个工件。本夹具劳动生产率较高。

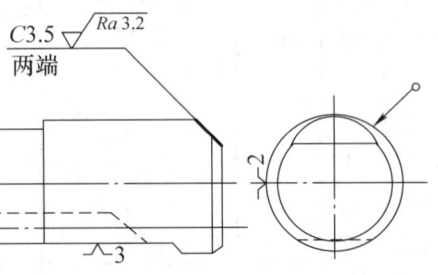

$\phi15\dfrac{H6}{h5}$

$\phi25\dfrac{H7}{f6}$

C3.5  Ra 3.2
两端

| 11 | 底座 | 3 | 45 | 35～40HRC | 5 | 压板 | 6 | 45 | 35～40HRC |
|----|------|----|------|-----------|----|--------|----|------|-----------|
| 10 | 可调支承 | 6 | 45 | | 4 | 小柱塞 | 6 | 45 | 50～55HRC |
| 9 | 螺塞 | 1 | 30 | | 3 | 液性塑料 | | | 自配压入 |
| 8 | 夹具体 | 1 | HT200 | | 2 | 大柱塞 | 1 | 45 | 50～55HRC |
| 7 | 定位板 | 3 | 30 | | 1 | 压紧螺钉 | 1 | 45 | |
| 6 | 纸垫 | 3 | 青壳纸 | | | | | | |
| 件号 | 名称 | 件数 | 材料 | 备注 | 件号 | 名称 | 件数 | 材料 | 备注 |

## 铣－1　多件联动夹紧铣床夹具

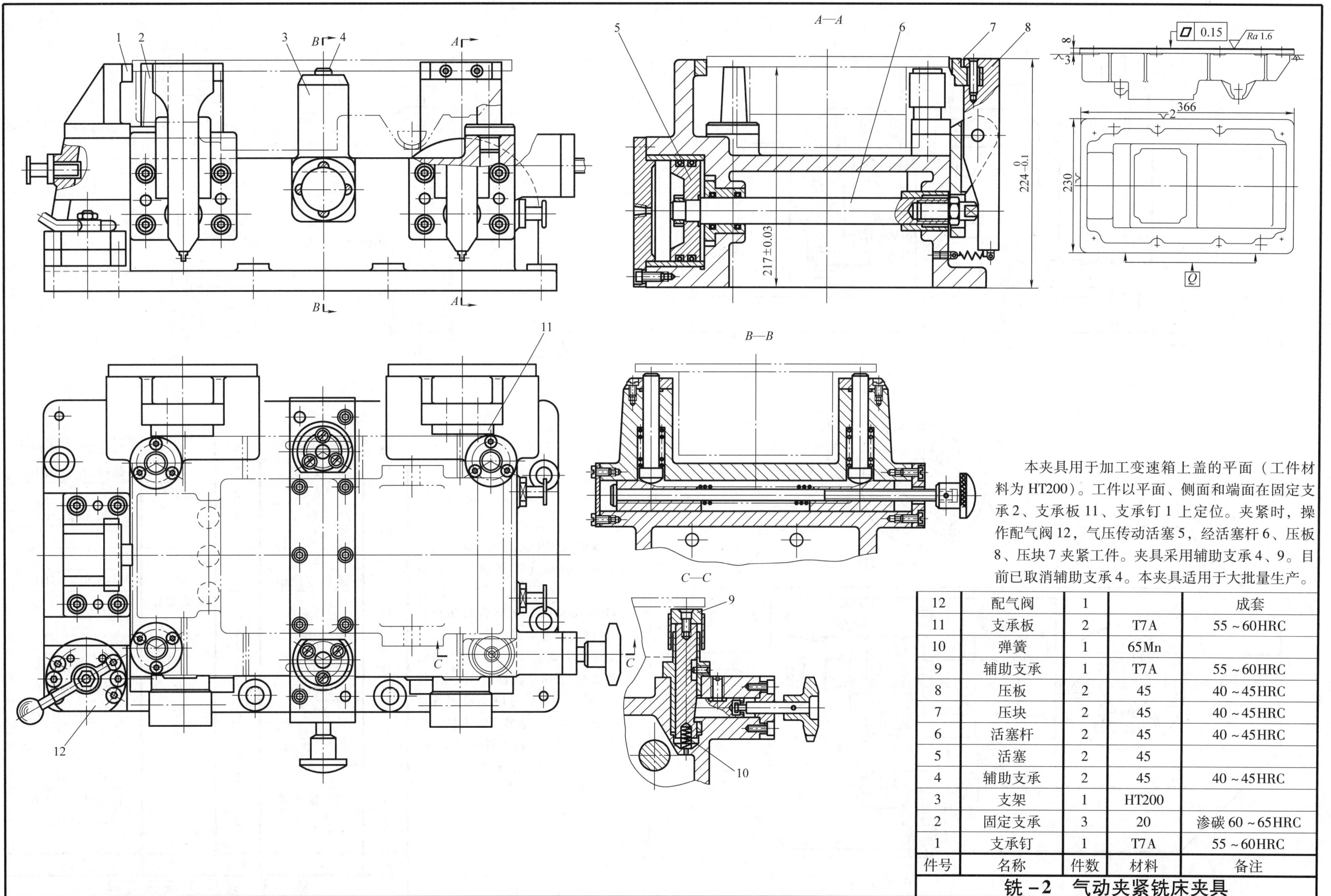

本夹具用于加工变速箱上盖的平面（工件材料为HT200）。工件以平面、侧面和端面在固定支承2、支承板11、支承钉1上定位。夹紧时，操作配气阀12，气压传动活塞5，经活塞杆6、压板8、压块7夹紧工件。夹具采用辅助支承4、9。目前已取消辅助支承4。本夹具适用于大批量生产。

| 件号 | 名称 | 件数 | 材料 | 备注 |
|---|---|---|---|---|
| 12 | 配气阀 | 1 | | 成套 |
| 11 | 支承板 | 2 | T7A | 55~60HRC |
| 10 | 弹簧 | 1 | 65Mn | |
| 9 | 辅助支承 | 1 | T7A | 55~60HRC |
| 8 | 压板 | 2 | 45 | 40~45HRC |
| 7 | 压块 | 2 | 45 | 40~45HRC |
| 6 | 活塞杆 | 2 | 45 | 40~45HRC |
| 5 | 活塞 | 2 | 45 | |
| 4 | 辅助支承 | 2 | 45 | 40~45HRC |
| 3 | 支架 | 1 | HT200 | |
| 2 | 固定支承 | 3 | 20 | 渗碳60~65HRC |
| 1 | 支承钉 | 1 | T7A | 55~60HRC |

铣-2　气动夹紧铣床夹具

本夹具用于加工插销体的两个宽4mm、8mm十字通槽（工件材料为ZG310－570）。工件以内孔 φ14H8、φ30H11 孔及端面在心轴 6、台肩面及菱形定位销3上定位。采用浮动夹紧机构。拧动螺杆18，推动联柱板14、斜楔柱15、顶柱9、压板4，由 V 形块 5 对工件浮动夹紧。本夹具是多用途夹具，铣削4mm通槽后，将工件转过90°位置装夹，即可铣8mm槽，可降低夹具成本。

| 18 | 螺杆 | 1 | 45 | 调质 26～30HRC |
|---|---|---|---|---|
| 17 | 螺纹衬套 | 1 | 45 | 调质 26～30HRC |
| 16 | 销子 | 2 | 45 | |
| 15 | 斜楔柱 | 2 | 45 | 40～45HRC |
| 14 | 联柱板 | 1 | 45 | |
| 13 | 支柱 | 1 | HT200 | |
| 12 | 菱形定位销 | 1 | 45 | 上端 40～45HRC |
| 11 | 弹簧 | 2 | 碳素弹簧钢丝 | |
| 10 | 螺钉 | 2 | 45 | |
| 9 | 顶柱 | 2 | 45 | 35～40HRC |
| 8 | 圆柱销 | 2 | 45 | 35～40HRC |
| 7 | 销子 | 2 | 45 | 35～40HRC |
| 6 | 心轴 | 1 | 45 | 40～45HRC |
| 5 | V 形块 | 2 | 45 | 35～40HRC |
| 4 | 压板 | 2 | 45 | 35～40HRC |
| 3 | 菱形定位销 | 1 | 45 | 上端 40～45HRC |
| 2 | 定位键 | 2 | 45 | 40～45HRC |
| 1 | 夹具体 | 1 | HT200 | |
| 件号 | 名称 | 件数 | 材料 | 备注 |

铣－3　多用途铣床夹具

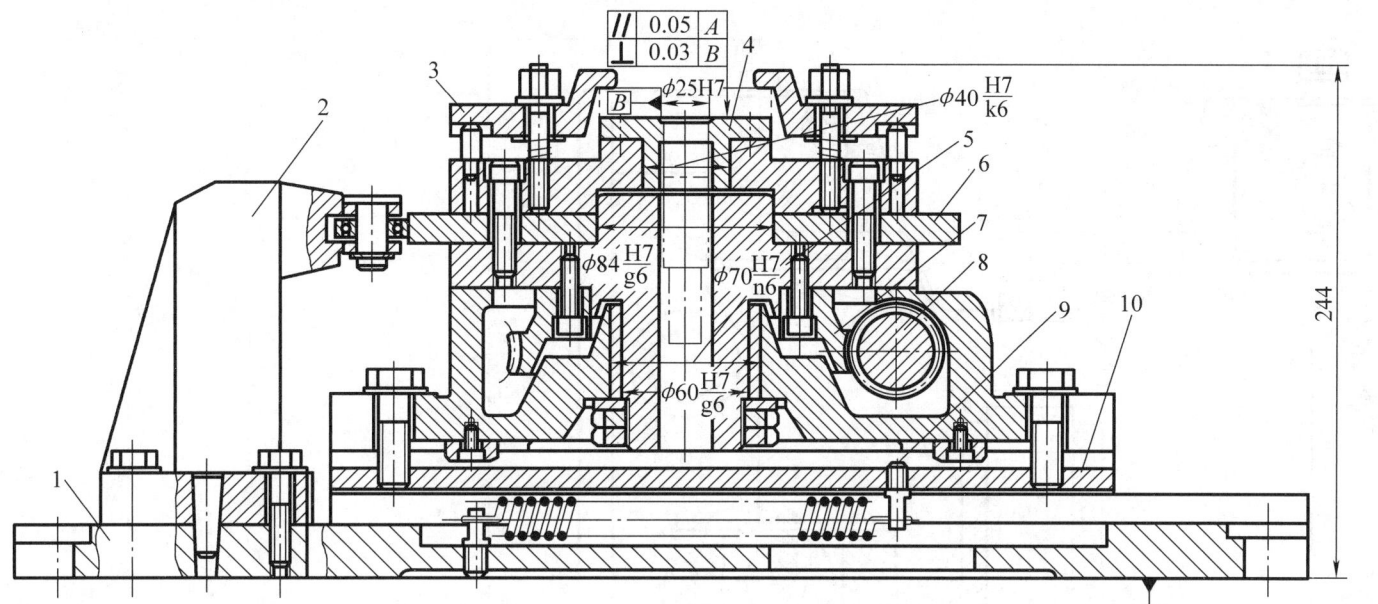

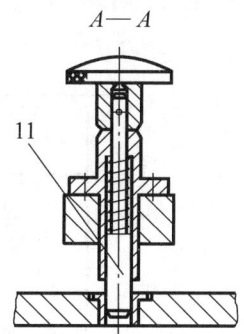

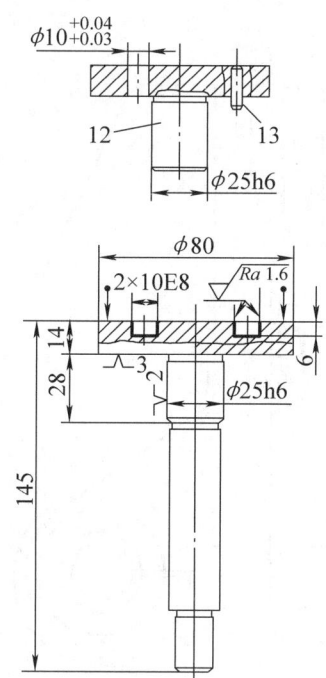

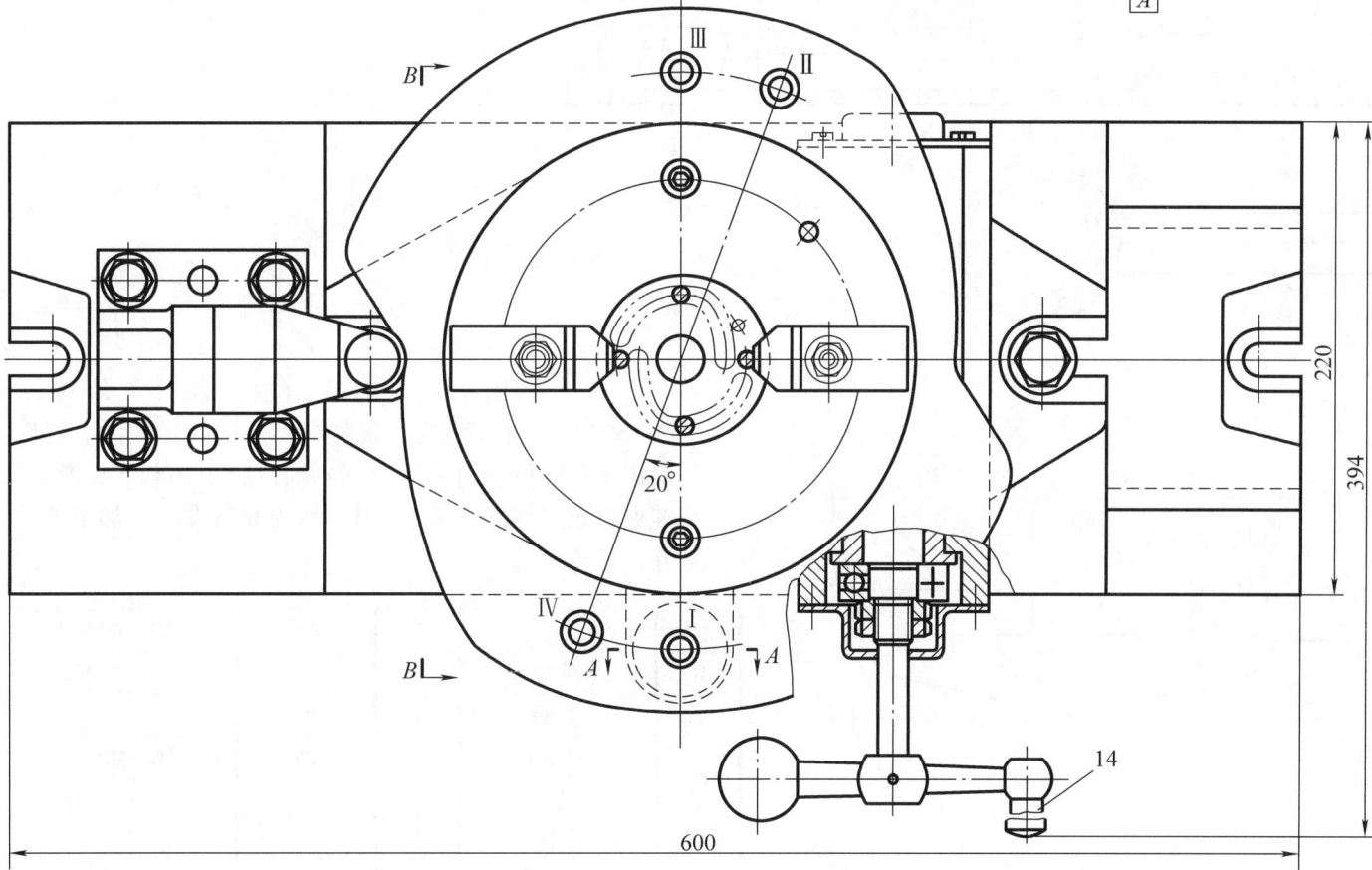

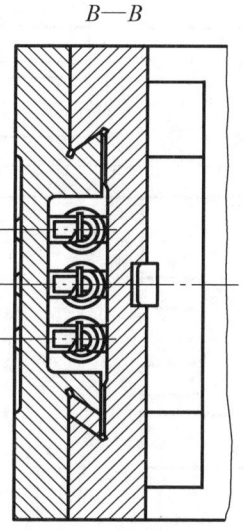

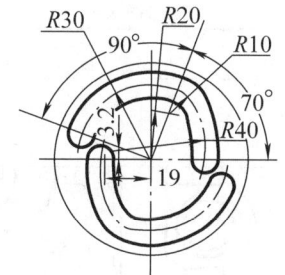

本夹具用于加工开合螺母操纵盘上的曲线槽（工件材料为45钢）。工件以φ25h6外圆及端面在定位套4上定位，由压板3夹紧。摇动手柄14，经蜗杆8和蜗轮7使转盘5、靠模板6转动，靠模曲线同时使滑板10移动，从而合成曲线轨迹。对刀时，先将对刀件12装在夹具的定位套4上，用对刀件的φ10$^{+0.04}_{+0.03}$mm孔对准铣刀的径向位置。对定销11分别与分度孔Ⅰ至Ⅱ，Ⅲ至Ⅳ分度对定，以控制两曲线的圆周角。

| 件号 | 名称 | 件数 | 材料 | 备注 |
|---|---|---|---|---|
| 14 | 手柄 | 1 | 35 | |
| 13 | 圆柱销 | 1 | 45 | 40~45HRC |
| 12 | 对刀件 | 1 | 45 | 40~45HRC |
| 11 | 对定销 | 1 | 45 | |
| 10 | 滑板 | 1 | HT200 | |
| 9 | 弹簧 | 1 | 65Mn | |
| 8 | 蜗杆 | 1 | 45 | 40~45HRC |
| 7 | 蜗轮 | 1 | 20 | |
| 6 | 靠模板 | 1 | 20 | 渗碳60~65HRC |
| 5 | 转盘 | 1 | HT200 | |
| 4 | 定位套 | 1 | T7A | 60~65HRC |
| 3 | 压板 | 2 | 45 | 40~45HRC |
| 2 | 支架 | 1 | HT200 | |
| 1 | 夹具体 | 1 | HT200 | |

铣-4　靠模铣床夹具

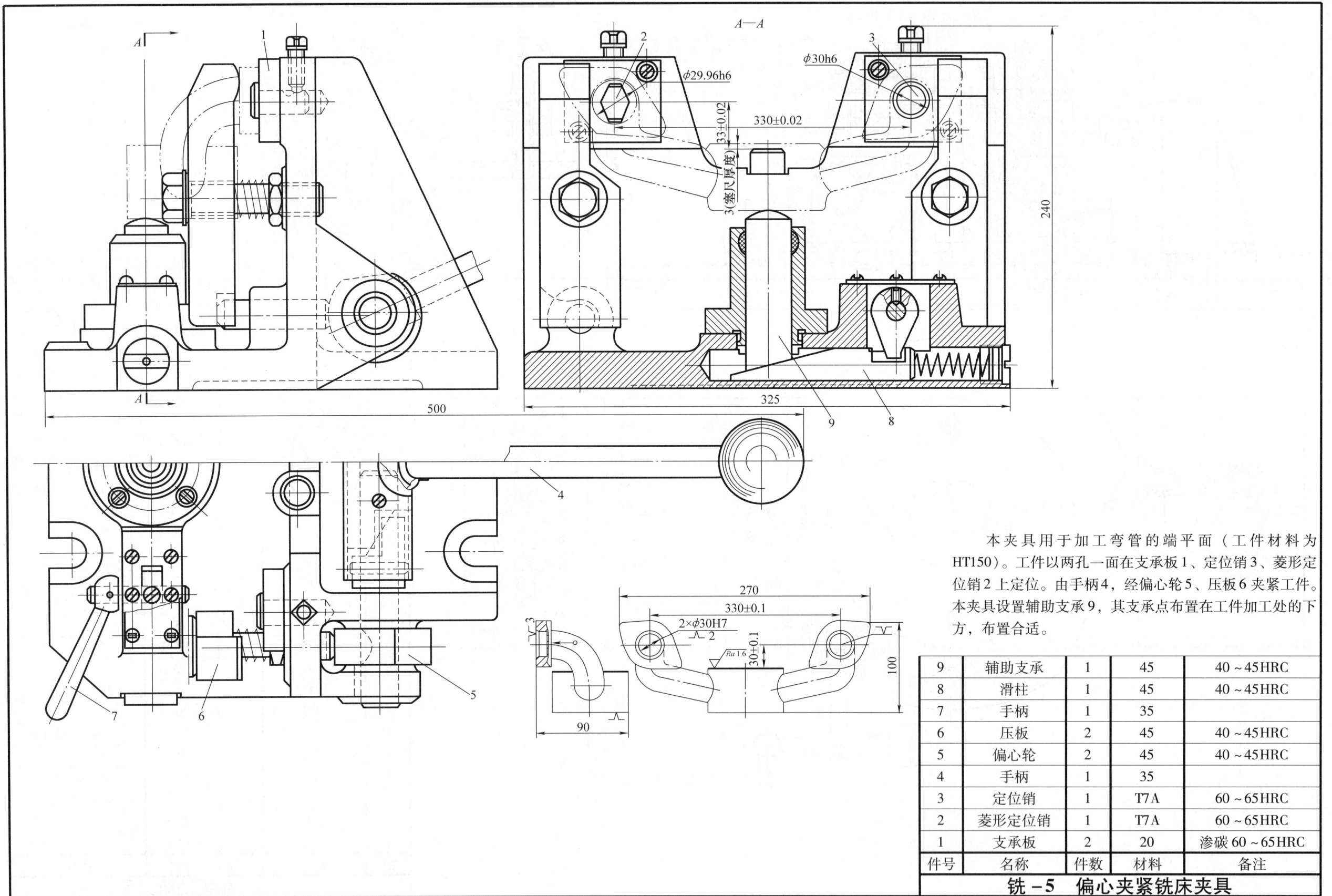

A—A

$\phi$29.96h6

$\phi$30h6

33±0.02

330±0.02

3'箅尺厚度

240

500

325

9

8

4

本夹具用于加工弯管的端平面（工件材料为HT150）。工件以两孔一面在支承板1、定位销3、菱形定位销2上定位。由手柄4，经偏心轮5、压板6夹紧工件。本夹具设置辅助支承9，其支承点布置在工件加工处的下方，布置合适。

270

330±0.1

2×$\phi$30H7

2

30±0.1

Ra 1.6

100

90

5

7

6

| 9 | 辅助支承 | 1 | 45 | 40~45HRC |
|---|---|---|---|---|
| 8 | 滑柱 | 1 | 45 | 40~45HRC |
| 7 | 手柄 | 1 | 35 | |
| 6 | 压板 | 2 | 45 | 40~45HRC |
| 5 | 偏心轮 | 2 | 45 | 40~45HRC |
| 4 | 手柄 | 1 | 35 | |
| 3 | 定位销 | 1 | T7A | 60~65HRC |
| 2 | 菱形定位销 | 1 | T7A | 60~65HRC |
| 1 | 支承板 | 2 | 20 | 渗碳60~65HRC |
| 件号 | 名称 | 件数 | 材料 | 备注 |

铣-5　偏心夹紧铣床夹具

A—A

$\phi 20 \dfrac{H7}{r6}$

$\phi 28h7$

150

1
2
3

4

$\phi 28H8$

35

35

$Ra\ 1.6$

9

$Ra\ 1.6$

120

$\sqrt{3}$

A-2

5

6

9

8

A

7

580

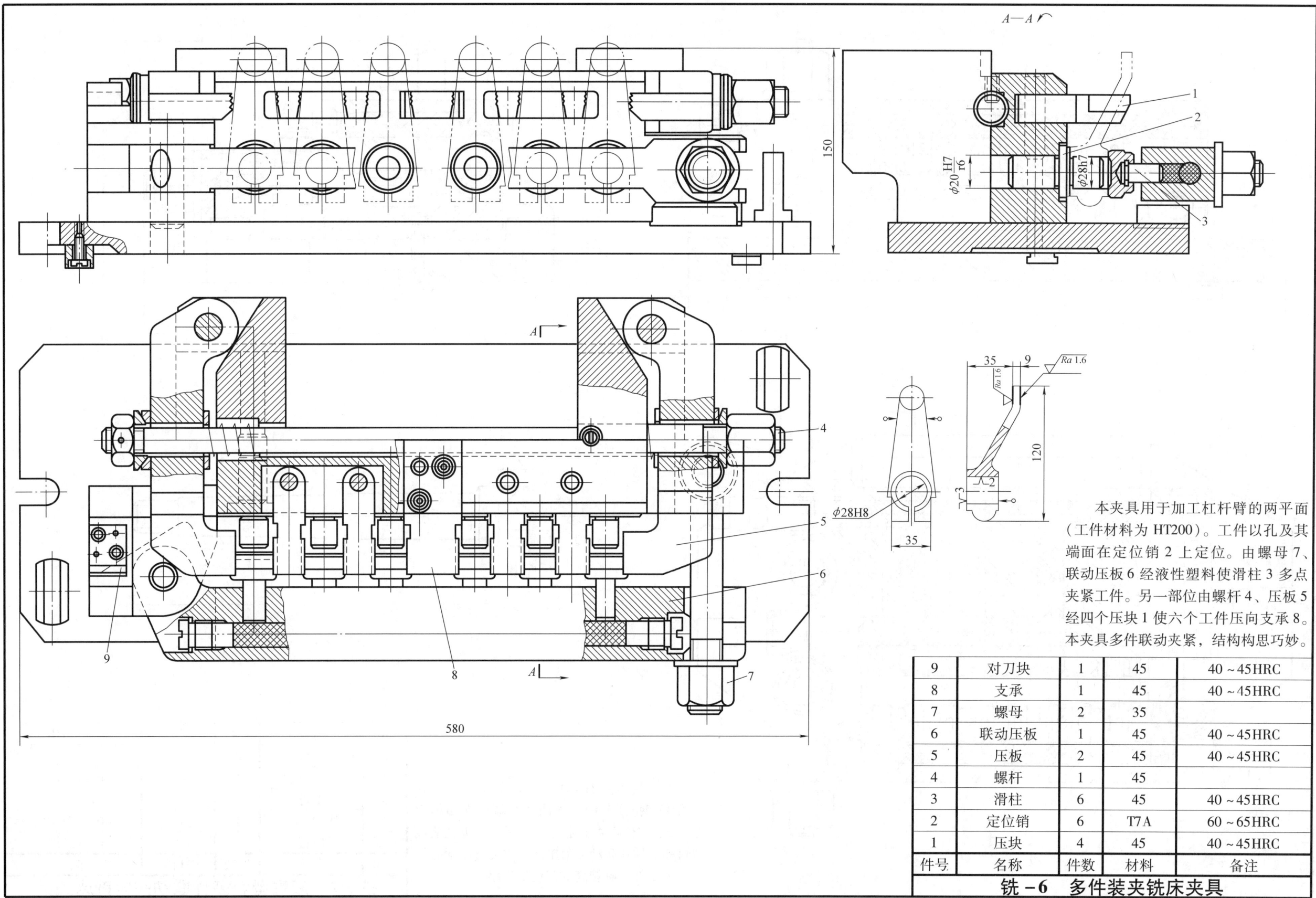

本夹具用于加工杠杆臂的两平面（工件材料为 HT200）。工件以孔及其端面在定位销 2 上定位。由螺母 7、联动压板 6 经液性塑料使滑柱 3 多点夹紧工件。另一部位由螺杆 4、压板 5 经四个压块 1 使六个工件压向支承 8。本夹具多件联动夹紧，结构构思巧妙。

| 9 | 对刀块 | 1 | 45 | 40~45HRC |
|---|---|---|---|---|
| 8 | 支承 | 1 | 45 | 40~45HRC |
| 7 | 螺母 | 2 | 35 | |
| 6 | 联动压板 | 1 | 45 | 40~45HRC |
| 5 | 压板 | 2 | 45 | 40~45HRC |
| 4 | 螺杆 | 1 | 45 | |
| 3 | 滑柱 | 6 | 45 | 40~45HRC |
| 2 | 定位销 | 6 | T7A | 60~65HRC |
| 1 | 压块 | 4 | 45 | 40~45HRC |
| 件号 | 名称 | 件数 | 材料 | 备注 |
| | 铣-6　　多件装夹铣床夹具 | | | |

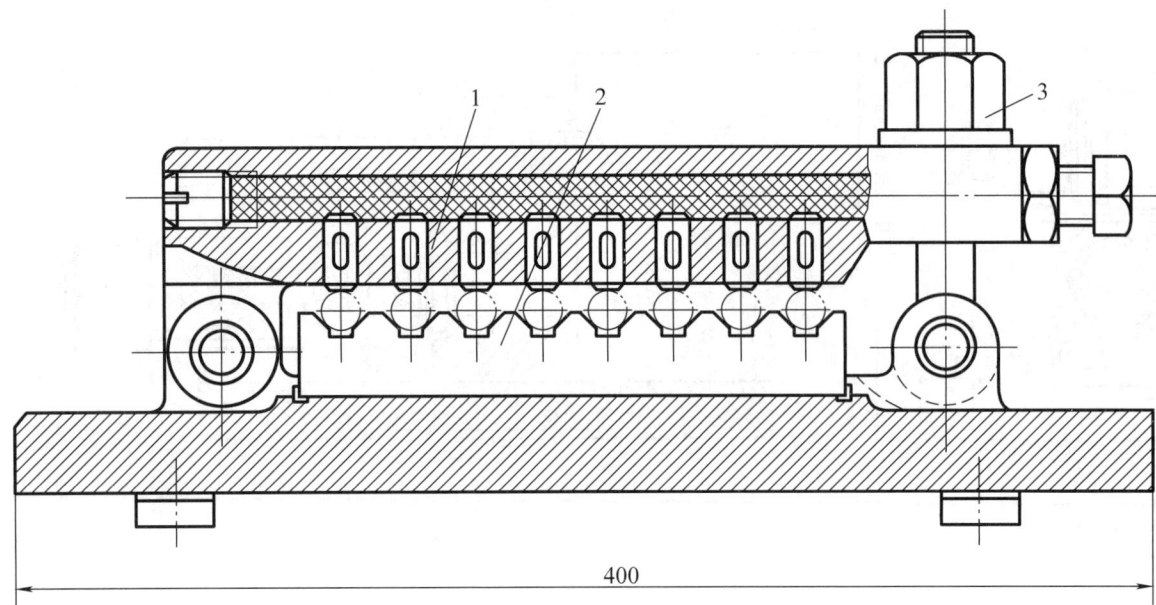

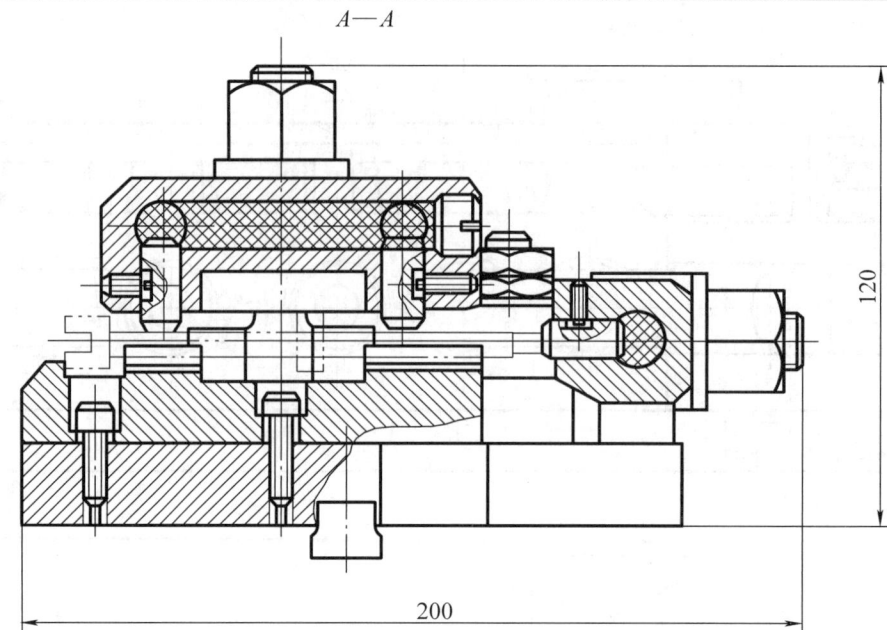

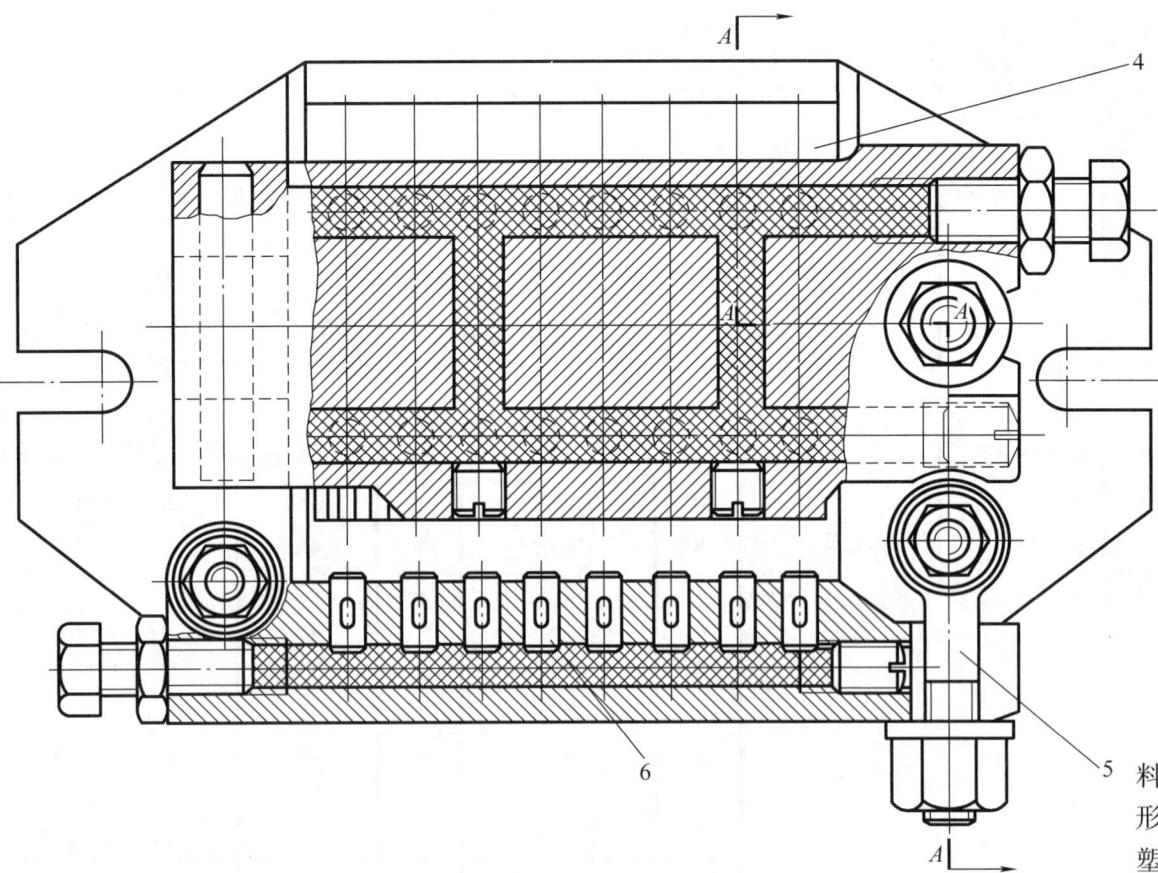

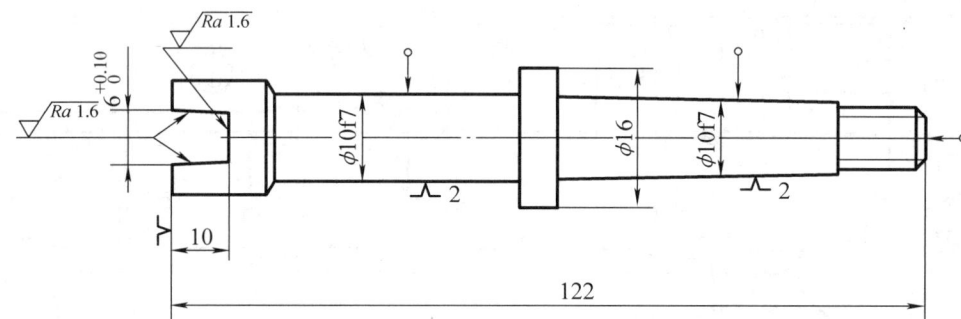

本夹具用于加工轴上的端面槽（工件材料为45钢）。工件以外圆及其端面在多槽V形块2、定位板4上定位。由螺旋压板经液性塑料和滑柱6联动夹紧工件，本夹具可同时加工八个工件，有较高的劳动生产率。

| 6 | 滑柱 | 24 | 45 | 40~45HRC |
|---|---|---|---|---|
| 5 | 螺杆 | 2 | 45 | |
| 4 | 定位板 | 1 | 45 | 40~45HRC |
| 3 | 螺母 | 2 | 35 | |
| 2 | 多槽V形块 | 1 | 45 | 40~45HRC |
| 1 | 压板 | 1 | 45 | 40~45HRC |
| 件号 | 名称 | 件数 | 材料 | 备注 |
| 铣-7 | 液性塑料多件联动夹紧铣床夹具 | | | |

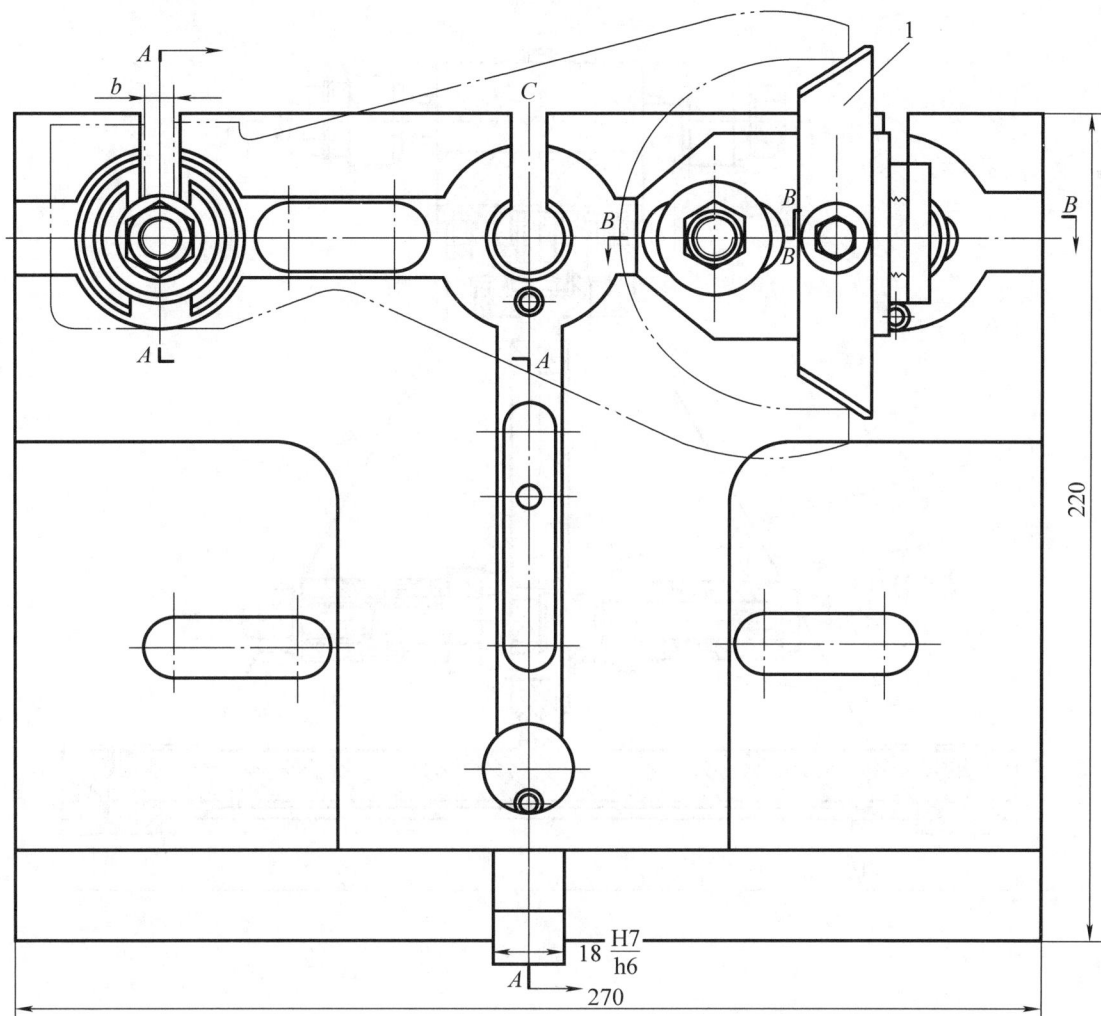

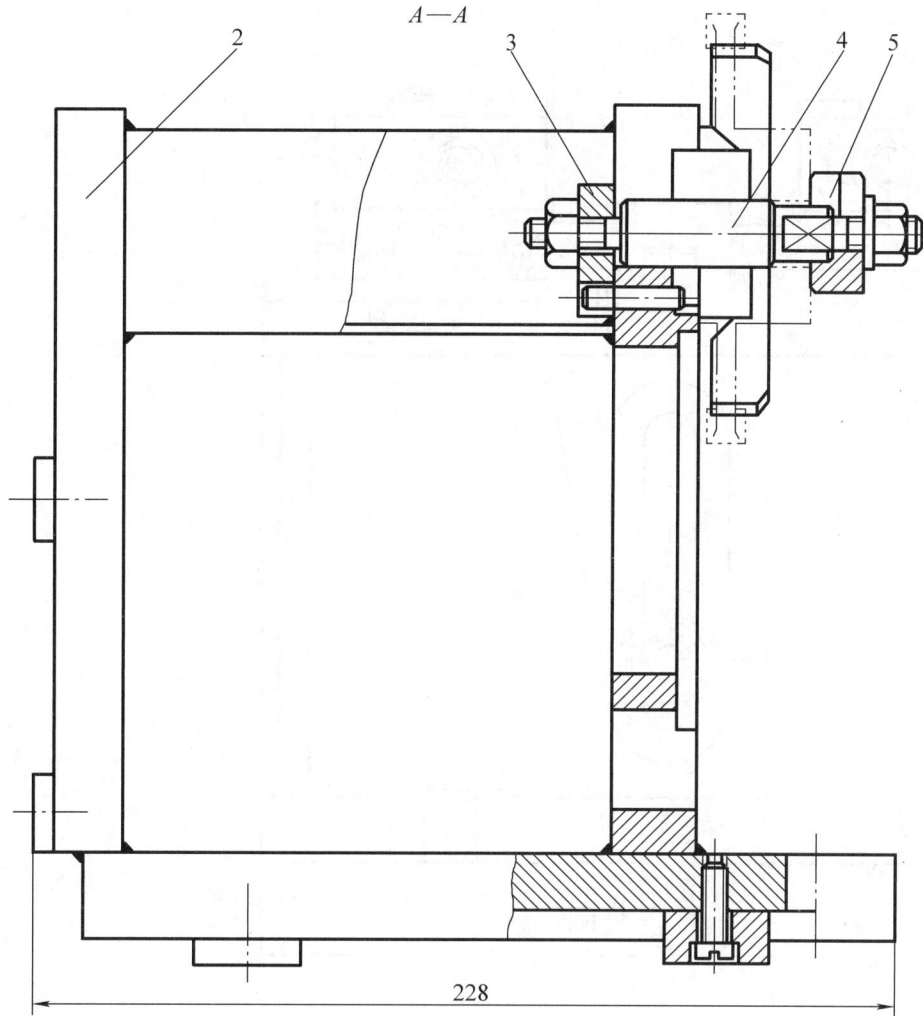

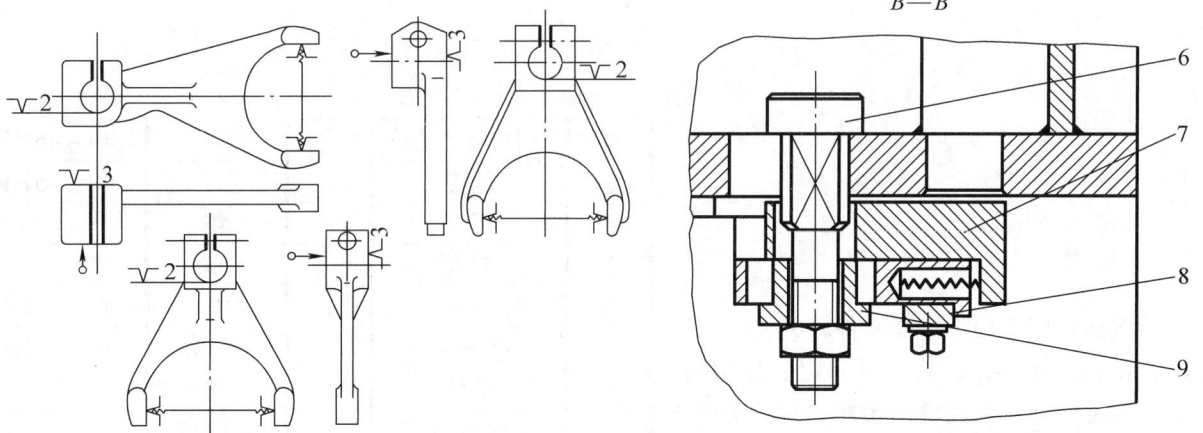

本夹具用于加工拨叉零件族凹槽。可卧铣或立铣。夹具体采用焊接结构。工件主要以孔和端面在心轴4上定位。可调元件为心轴4和浮动定心块1。浮动定心块另一调整位置在C处。适用于加工槽宽 $b = 3 \sim 6$ mm。

| 件号 | 名称 | 件数 | 材料 | 备注 |
|------|------|------|------|------|
| 9 | 高垫套 | 1 | 45 | 35 ~ 40HRC |
| 8 | 滑块 | 1 | 45 | 40 ~ 45HRC |
| 7 | 可调板 | 1 | 45 | 40 ~ 45HRC |
| 6 | 螺栓 | 1 | 45 | |
| 5 | 快换垫圈 | 1 | 45 | 35 ~ 40HRC |
| 4 | 心轴 | | 45 | 40 ~ 45HRC |
| 3 | 方垫圈 | 1 | 45 | |
| 2 | 夹具体 | 1 | Q235 | |
| 1 | 浮动定心块 | | 45 | 35 ~ 40HRC |

**铣-8　拨叉成组铣床夹具**

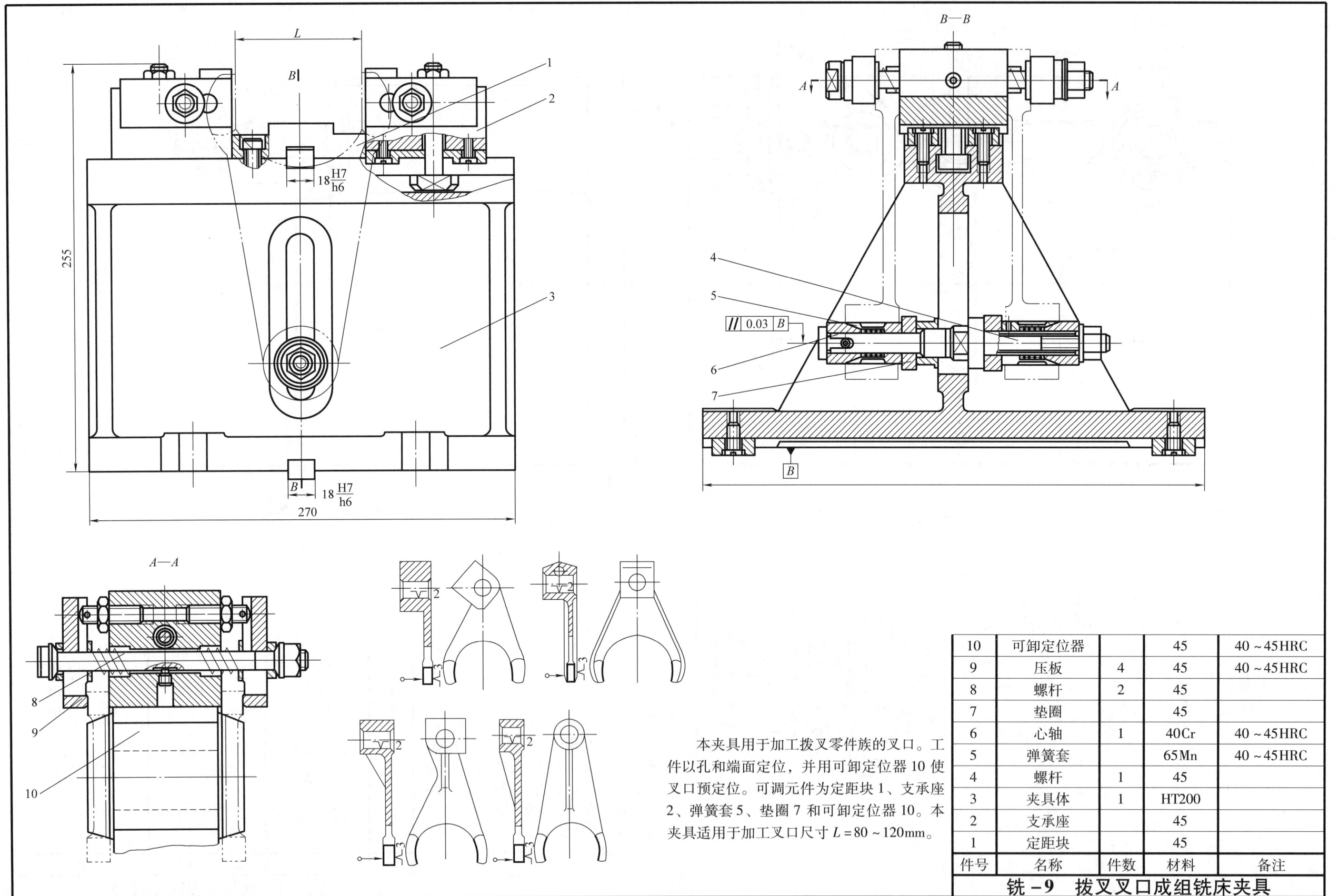

本夹具用于加工拨叉零件族的叉口。工件以孔和端面定位，并用可卸定位器 10 使叉口预定位。可调元件为定距块 1、支承座 2、弹簧套 5、垫圈 7 和可卸定位器 10。本夹具适用于加工叉口尺寸 $L = 80 \sim 120\text{mm}$。

| 10 | 可卸定位器 | | 45 | 40 ~ 45 HRC |
|---|---|---|---|---|
| 9 | 压板 | 4 | 45 | 40 ~ 45 HRC |
| 8 | 螺杆 | 2 | 45 | |
| 7 | 垫圈 | | 45 | |
| 6 | 心轴 | 1 | 40Cr | 40 ~ 45 HRC |
| 5 | 弹簧套 | | 65Mn | 40 ~ 45 HRC |
| 4 | 螺杆 | 1 | 45 | |
| 3 | 夹具体 | 1 | HT200 | |
| 2 | 支承座 | | 45 | |
| 1 | 定距块 | | 45 | |
| 件号 | 名称 | 件数 | 材料 | 备注 |
| 铣 −9 | 拨叉叉口成组铣床夹具 | | | |

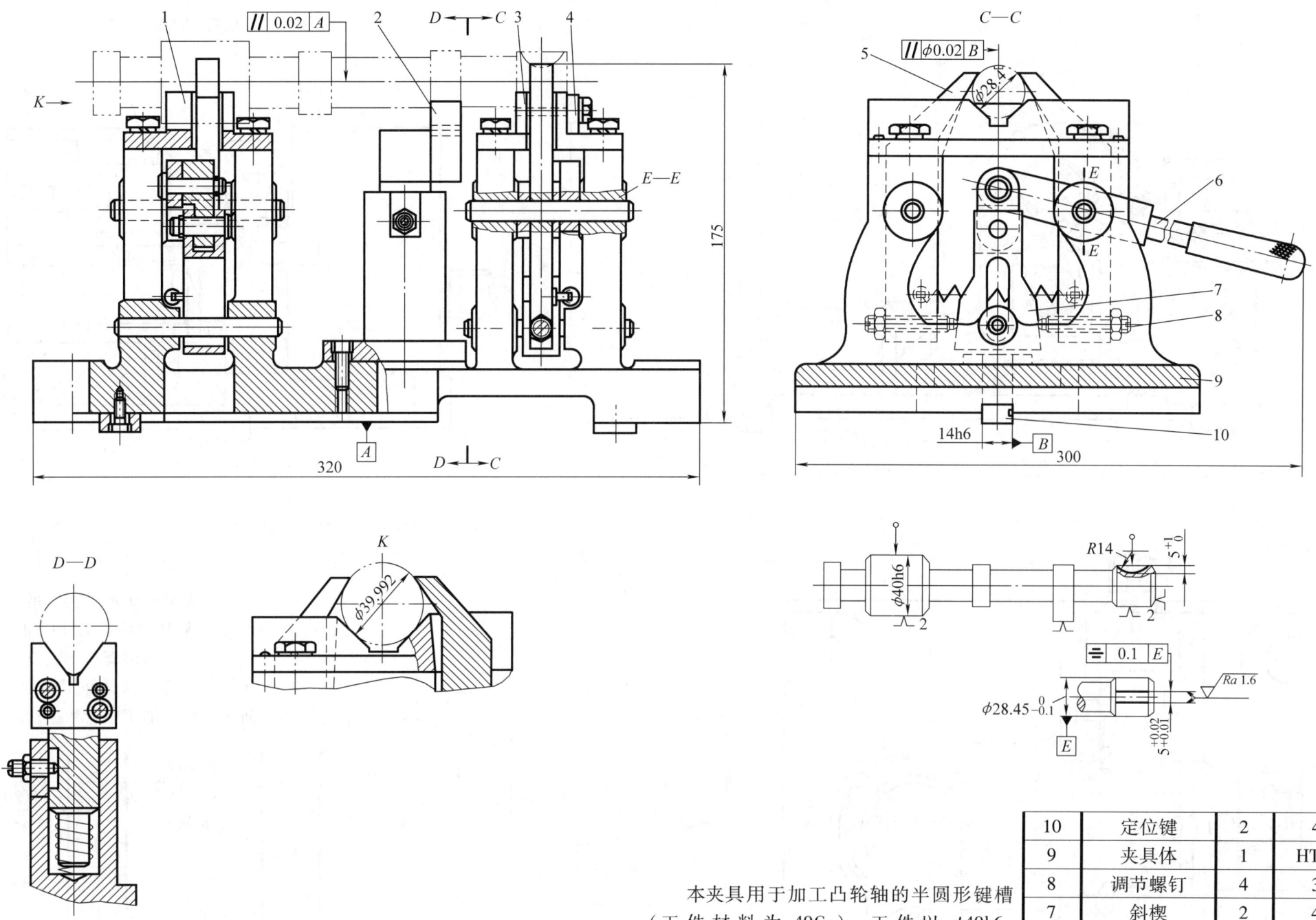

本夹具用于加工凸轮轴的半圆形键槽（工件材料为 40Cr）。工件以 $\phi40h6$、$\phi28.45_{-0.1}^{0}$ mm 外圆及端面、凸轮面在 V 形块、浮动 V 形块、挡板上定位，其中浮动 V 形块控制凸轮与键槽的相对位置。操作手柄 6，由斜楔 7 使压板 5 联动夹紧工件。本夹具操作方便。

| 10 | 定位键 | 2 | 45 | 40～45HRC |
|---|---|---|---|---|
| 9 | 夹具体 | 1 | HT200 | |
| 8 | 调节螺钉 | 4 | 35 | |
| 7 | 斜楔 | 2 | 45 | 40～45HRC |
| 6 | 手柄 | 2 | 35 | |
| 5 | 压板 | 4 | 45 | 40～45HRC |
| 4 | 挡板 | 1 | 45 | 40～45HRC |
| 3 | 右 V 形块 | 1 | 45 | 40～45HRC |
| 2 | 浮动 V 形块 | 1 | 45 | 40～45HRC |
| 1 | 左 V 形块 | 1 | 45 | 40～45HRC |
| 件号 | 名称 | 件数 | 材料 | 备注 |

## 铣－10　斜楔联动夹紧铣床夹具

25

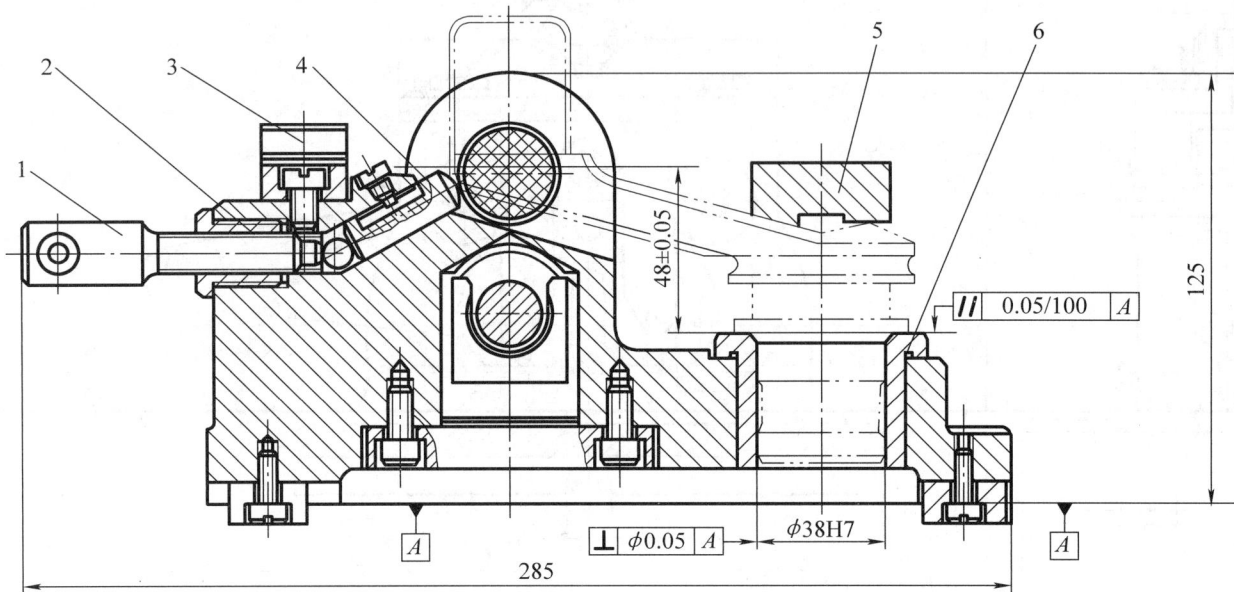

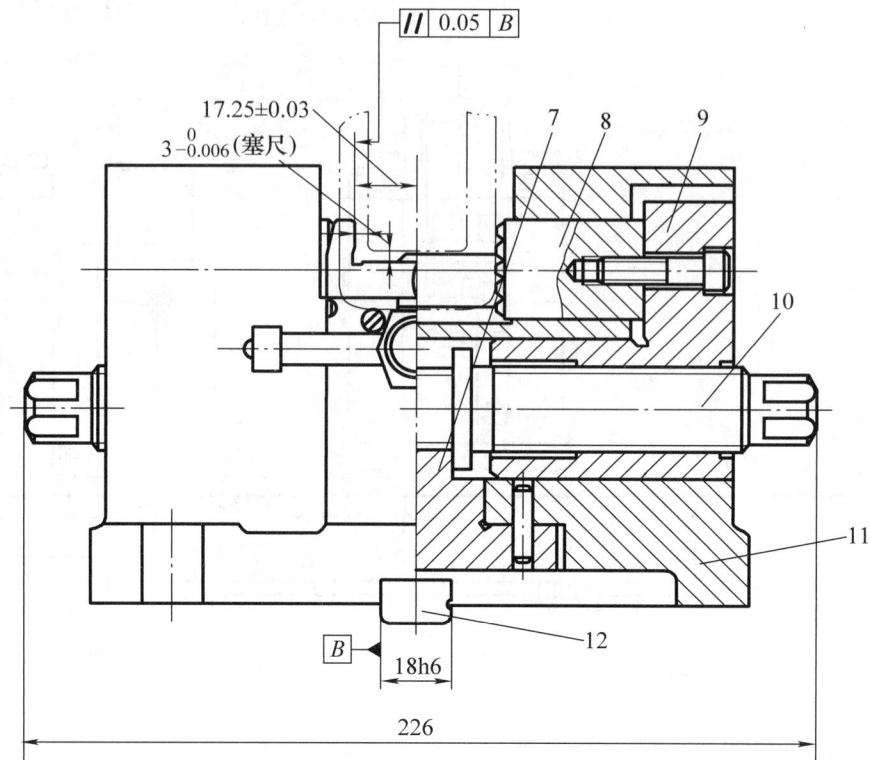

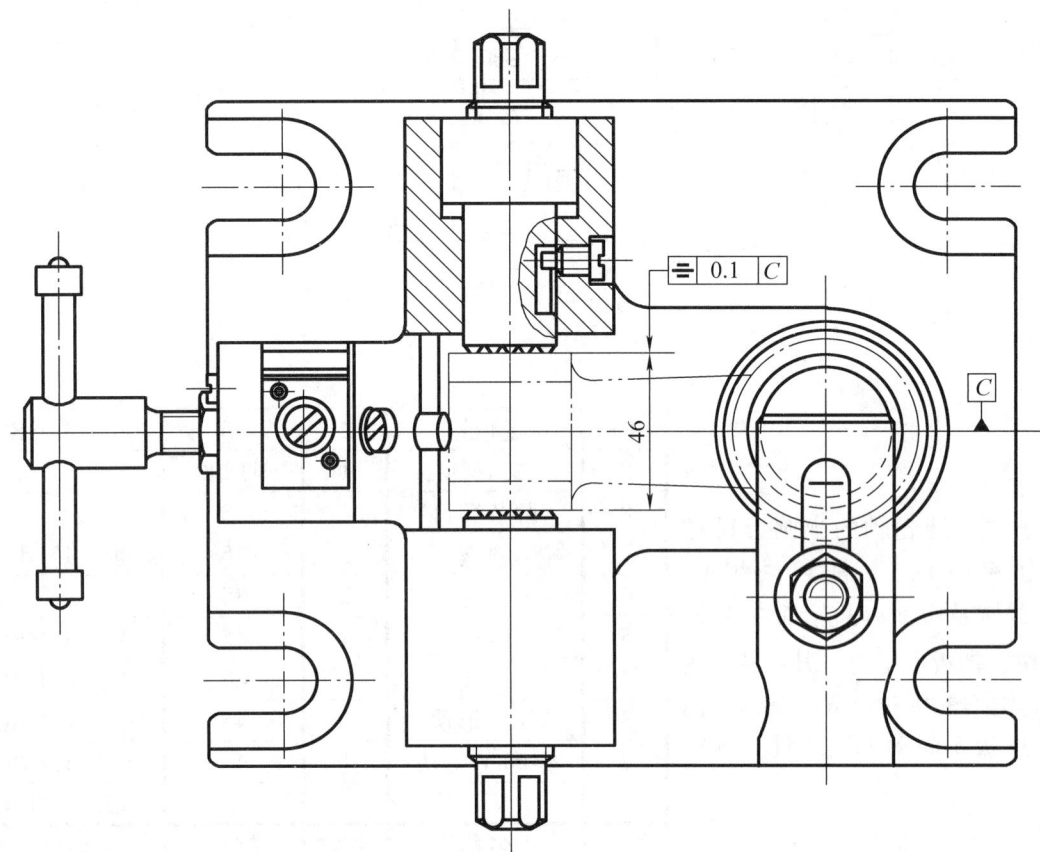

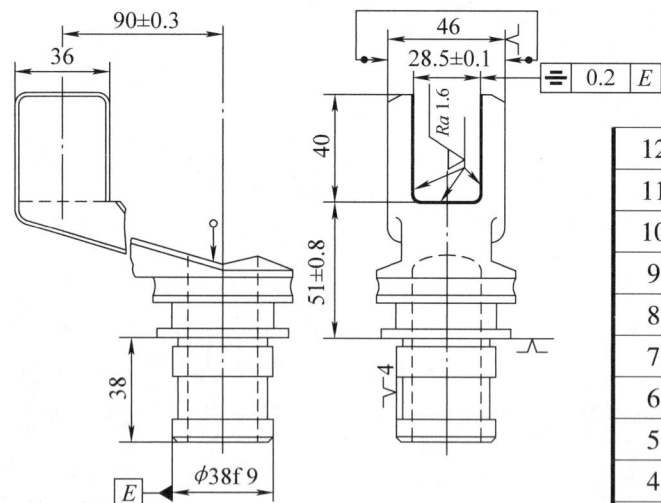

本夹具用于加工摇臂的（28.5±0.1）mm 槽（工件材料为 45 钢）。工件以 φ38f9 外圆、端面及摇臂的中间平面在定位套 6 上定位，由左右螺栓 10 经螺母 9、压块 8 定心夹紧，并用辅助支承 4 支撑在摇臂处，以防止工件在加工中产生振动。本夹具结构构思巧妙。

| 件号 | 名称 | 件数 | 材料 | 备注 |
|---|---|---|---|---|
| 12 | 定位键 | 2 | 45 | 40～45HRC |
| 11 | 夹具体 | 1 | HT200 | |
| 10 | 左右螺栓 | 1 | 45 | 35～40HRC |
| 9 | 螺母 | 2 | 45 | 左、右旋各 1 |
| 8 | 压块 | 1 | 45 | 35～40HRC |
| 7 | 卡块 | 1 | 45 | 40～45HRC |
| 6 | 定位套 | 1 | T10 | 55～60HRC |
| 5 | 压板 | 1 | 45 | 35～40HRC |
| 4 | 辅助支承 | 1 | 45 | 40～45HRC |
| 3 | 对刀块 | 1 | 20 | 渗碳 50～60HRC |
| 2 | 螺套 | 1 | 45 | 30～40HRC |
| 1 | 扳手螺钉 | 1 | 45 | 35～40HRC |

**铣－11　螺旋定心夹紧铣床夹具**

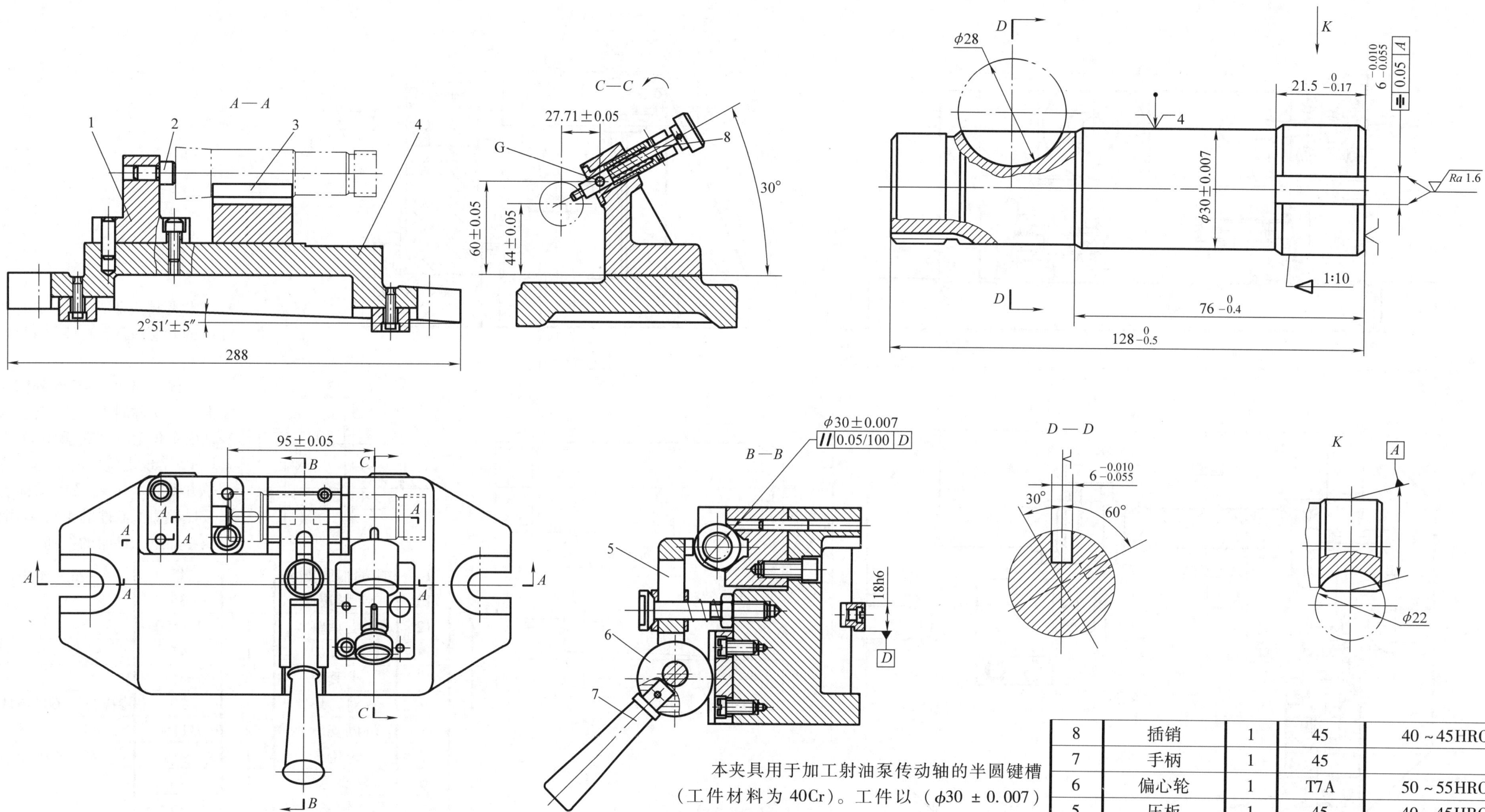

A—A

C—C

$27.71 \pm 0.05$

$60 \pm 0.05$

$44 \pm 0.05$

30°

288

$2°51' \pm 5''$

$\phi 28$

$\phi 30 \pm 0.007$

$21.5_{-0.17}^{0}$

$6_{-0.055}^{-0.010}$

$\boxed{0.05 \mid A}$

$Ra\ 1.6$

$76_{-0.4}^{0}$

$128_{-0.5}^{0}$

1:10

$95 \pm 0.05$

$\phi 30 \pm 0.007$

$\boxed{/\!/\ 0.05/100 \mid D}$

B—B

D—D

$6_{-0.055}^{-0.010}$

30°

60°

18h6

K

$\phi 22$

本夹具用于加工射油泵传动轴的半圆键槽（工件材料为 40Cr）。工件以（$\phi 30 \pm 0.007$）mm 外圆、端面及另一键槽在 V 形块 3、支承钉 2、插销 8 上定位，由手柄 7 经偏心轮 6、压板 5 夹紧工件。夹具体有 $2°51' \pm 5''$ 斜角。设置工艺孔 G，用以确定插销 8 的位置，以保证两键槽的位置要求。

| 8 | 插销 | 1 | 45 | 40～45HRC |
|---|------|---|------|-----------|
| 7 | 手柄 | 1 | 45 | |
| 6 | 偏心轮 | 1 | T7A | 50～55HRC |
| 5 | 压板 | 1 | 45 | 40～45HRC |
| 4 | 夹具体 | 1 | HT200 | |
| 3 | V 形块 | 1 | 45 | 40～45HRC |
| 2 | 支承钉 | 1 | T7A | 60～64HRC |
| 1 | 定位座 | 1 | HT200 | |
| 件号 | 名称 | 件数 | 材料 | 备注 |
| 铣 –12 | 铣半圆键槽铣床夹具 | | | |

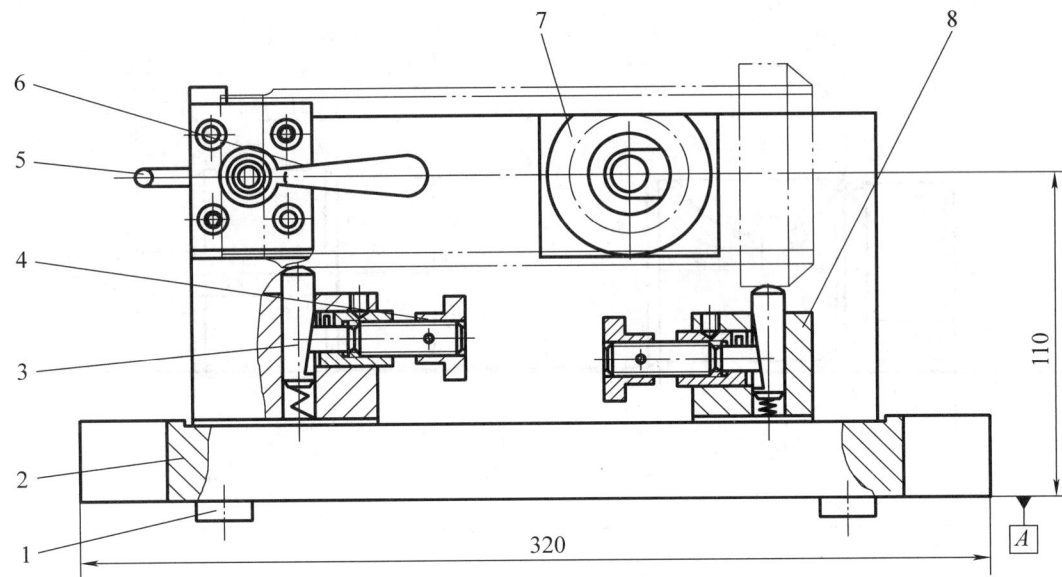

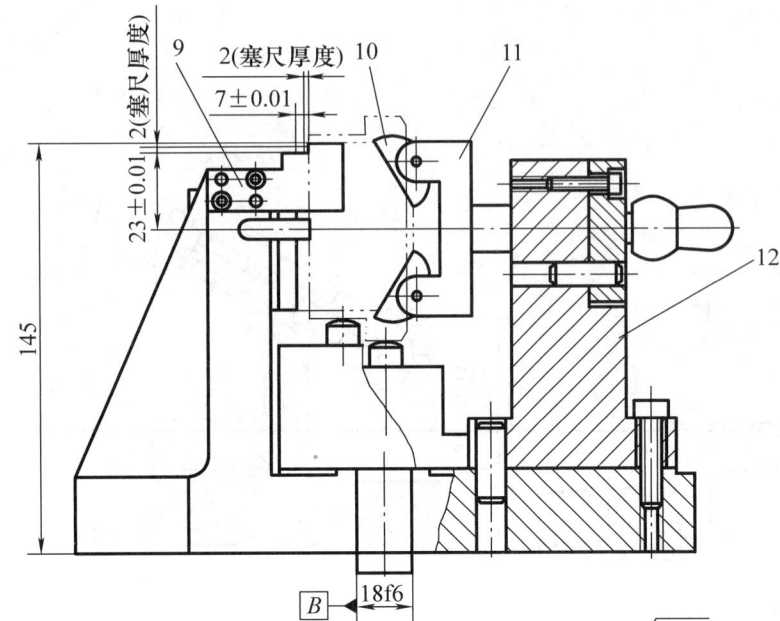

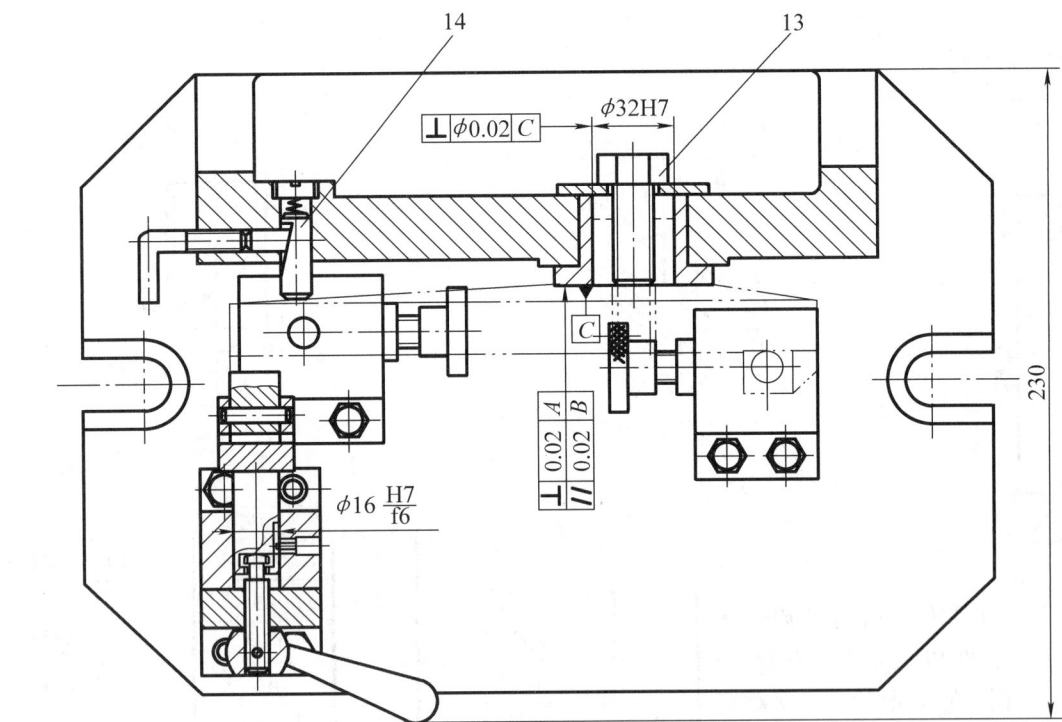

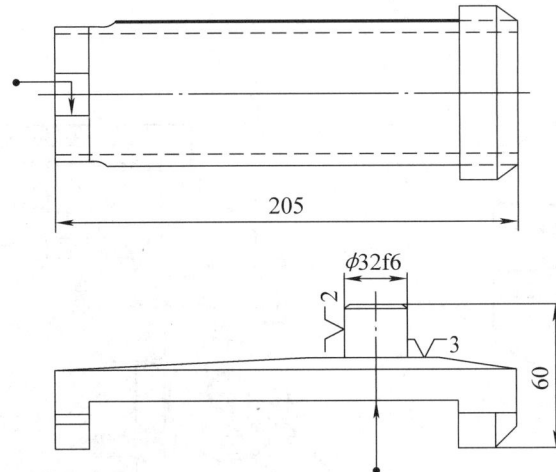

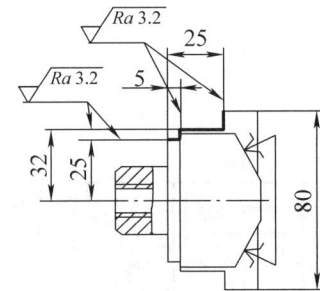

本夹具用于卧式铣床上加工杠杆的台阶面（工件材料为45钢）。

工件以端面、φ32f6 外圆及左端上、下对称斜面作为定位基准，分别由定位套 7、支承架 11 和夹紧块 10 实现定位定心夹紧，操作简单方便。本夹具采用辅助支承 3、14 支撑在工件的下方和侧面，以减小加工工件时的振动。

| 14 | 侧端辅助支承 | 1 | 45 | 40~45HRC |
|---|---|---|---|---|
| 13 | 夹紧螺栓 | 1 | 35 | |
| 12 | 支承座 | 1 | HT150 | |
| 11 | 支承架 | 1 | 45 | |
| 10 | 夹紧块 | 2 | 45 | |
| 9 | 对刀块 | 1 | 20 | 渗碳淬火 60~64HRC |
| 8 | 辅助支承座 | 2 | HT150 | |
| 7 | 定位套 | 1 | 45 | 40~45HRC |
| 6 | 球头手柄 | 1 | 45 | |
| 5 | 弯头锁紧螺钉 | 1 | 45 | |
| 4 | 手柄 | 2 | 45 | |
| 3 | 辅助支承 | 2 | 45 | 40~45HRC |
| 2 | 夹具体 | 1 | HT200 | |
| 1 | 定位键 | 2 | 45 | 40~45HRC |
| 件号 | 名称 | 件数 | 材料 | 备注 |

## 铣-13　带辅助支承的铣床夹具

A—A

$\boxed{//\ 0.05\ A}$

175

$\phi 8\,\dfrac{H7}{n6}$  $\boxed{A}$

234

360

本夹具用于立式铣床上加工柴油机油泵下体的工艺面（工件材料为HT200）。工件以圆弧面及平面为基准，在两个V形块7及可调支承14上定位。为增强工件定位的刚度和稳定性，还设有两个辅助支承10。工件采用联动夹紧机构，通过长浮动杠杆1，短浮动杠杆13使三块压板均匀地夹紧工件。本夹具夹紧机构动作灵活，夹紧可靠，操作方便。

60.5    33    $\phi 72$

毛坯分模线

$\boxed{//\ 0.06\ B}$
3.5±0.03    $\boxed{B}$

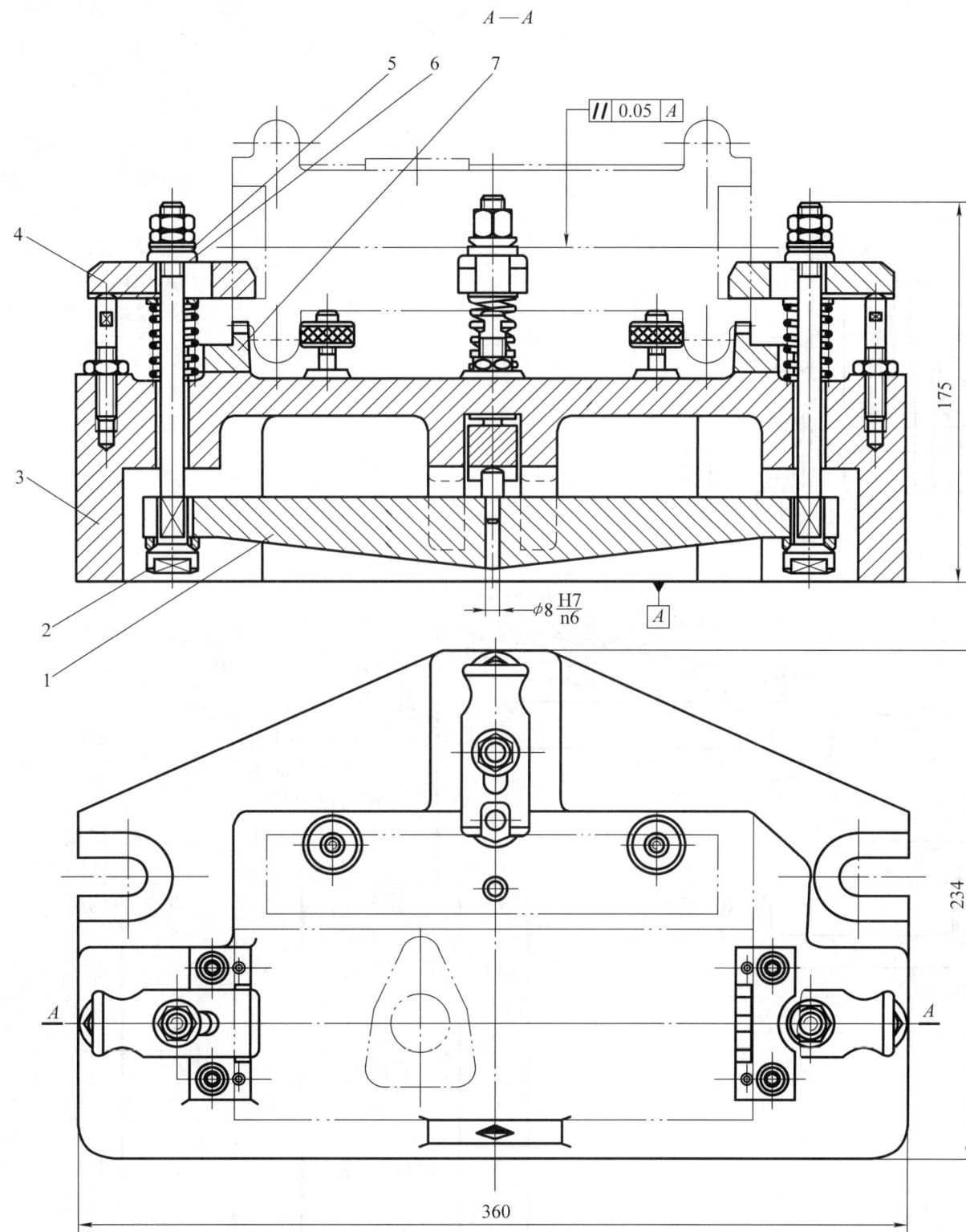

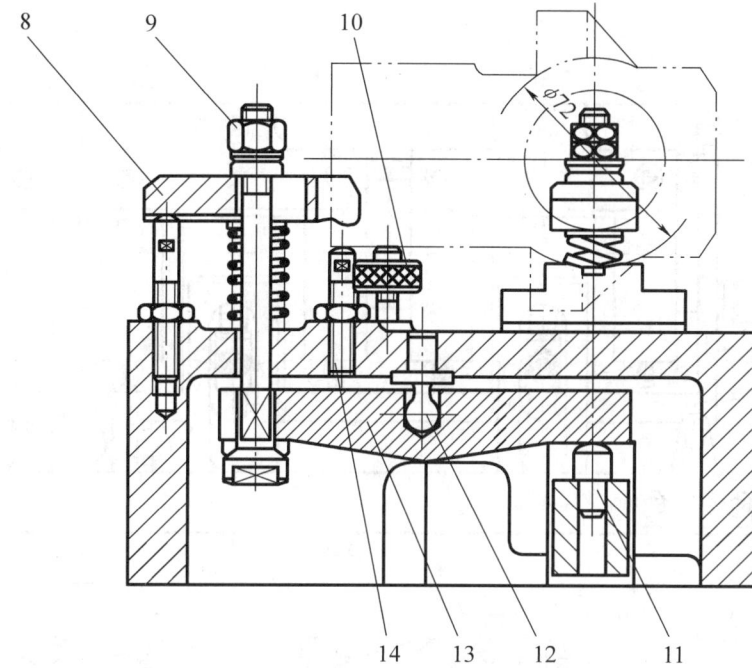

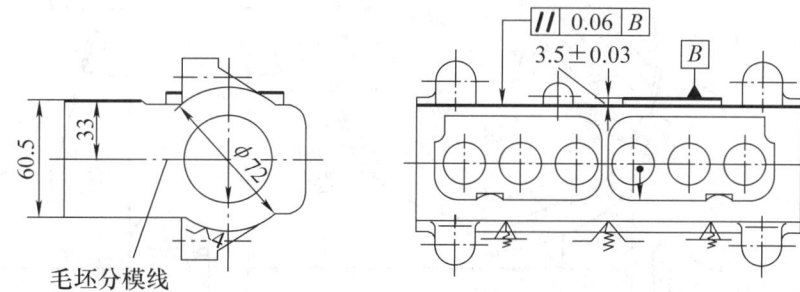

| 14 | 可调支承 | 1 | 45 | | 7 | V形块 | 2 | T10A | 50~55HRC |
|----|----------|---|----|---|---|------|---|------|----------|
| 13 | 短浮动杠杆 | 1 | 45 | | 6 | 凹球面垫圈 | 3 | 45 | |
| 12 | 球头钉 | 1 | 45 | | 5 | 凸球面垫圈 | 3 | 45 | |
| 11 | 球面支承钉 | 1 | 45 | 40~45HRC | 4 | 移动压板 | 2 | 45 | 40~45HRC |
| 10 | 辅助支承 | 2 | 45 | | 3 | 底座 | 1 | HT200 | |
| 9 | 六角螺母 | 1 | 45 | | 2 | 长球面螺杆 | 1 | 45 | |
| 8 | 移动压板 | 1 | 45 | 40~45HRC | 1 | 长浮动杠杆 | 1 | 45 | |
| 件号 | 名称 | 件数 | 材料 | 备注 | 件号 | 名称 | 件数 | 材料 | 备注 |

铣－14　联动夹紧铣床夹具

本夹具用于加工汽轮机叶片零件族的圆弧面。工件以平面分别在V形块9和可调支承4上定位。加工不同规格的叶片时，可调整塞铁块7和垫块5、6，且工件的角度可在45°～59°范围内调整。夹具采用高压小流量YJZ型液压泵站和微型液压缸夹紧工件。

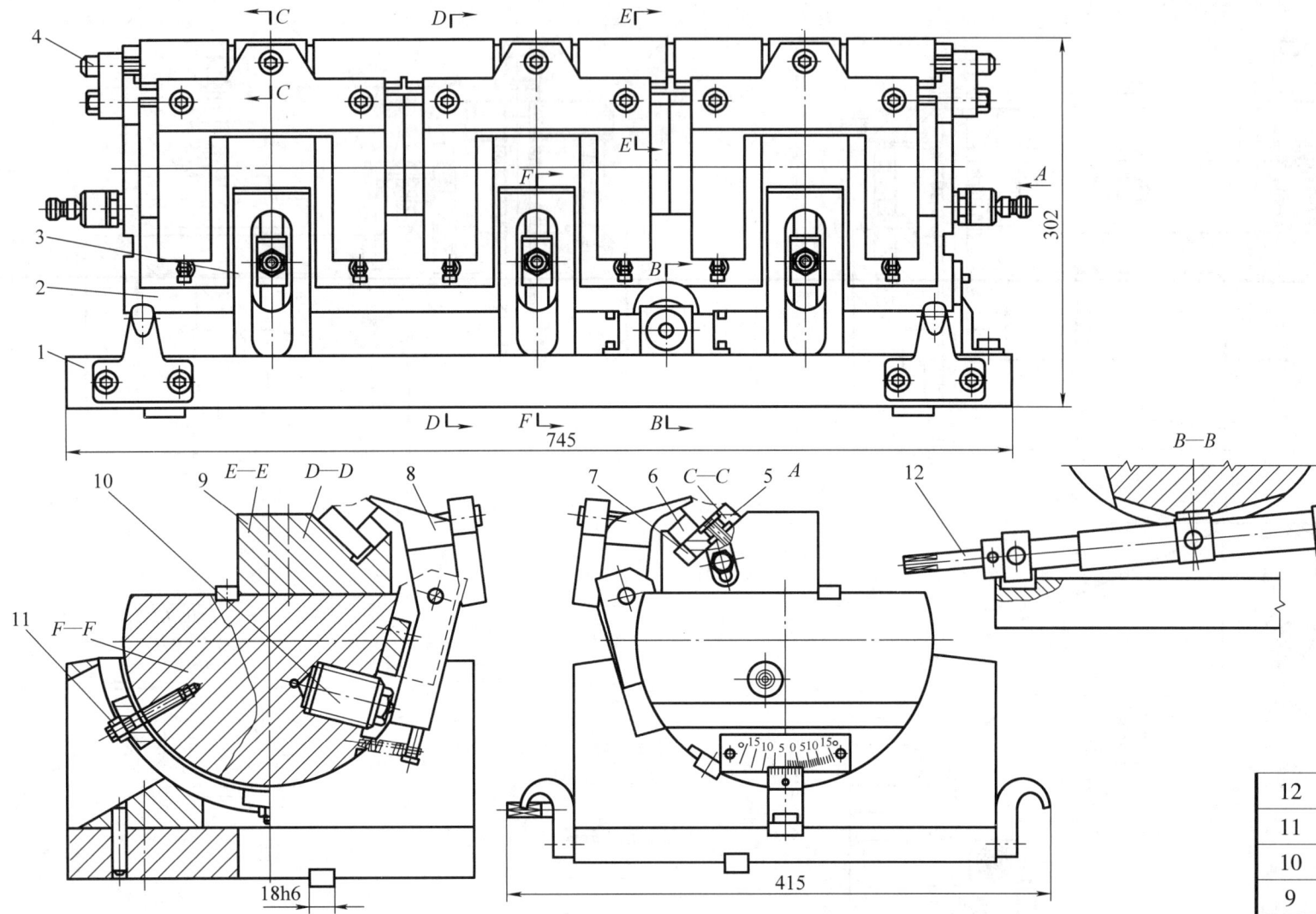

| YJZ 型液压泵站 | |
|---|---|
| 最高工作压力/MPa | 32 |
| 流压泵公称流量/（L/min） | 1.5 |
| 液压泵结构 | 高速径向柱塞泵 |
| 最大供油量/L | 1 |
| 压力控制范围/MPa | 2.5 |
| 控制方法 | 电接点压力表 |
| 外形尺寸/mm | 232×200×460 |

| 件号 | 名称 | 件数 | 材料 | 备注 |
|---|---|---|---|---|
| 12 | 螺杆 | 1 | 45 | 调质 28～32HRC |
| 11 | 紧固螺母 | 6 | 45 | |
| 10 | 微型液压缸 | 6 | | 成套 |
| 9 | V 形块 | 1 | 45 | 35～40HRC |
| 8 | 压板 | 3 | 45 | 头部 40～45HRC |
| 7 | 塞铁块 | 1 | Q235 | |
| 6 | 垫块 | 1 | 45 | 40～45HRC |
| 5 | 垫块 | 1 | 45 | 40～45HRC |
| 4 | 可调支承 | 1 | 45 | 调质 28～32HRC |
| 3 | 支座 | 3 | 45 | |
| 2 | 夹具体 | 1 | 45 | |
| 1 | 底座 | 1 | HT200 | |
| 件号 | 名称 | 件数 | 材料 | 备注 |

## 铣－15　汽轮机叶片零件族成组铣床夹具

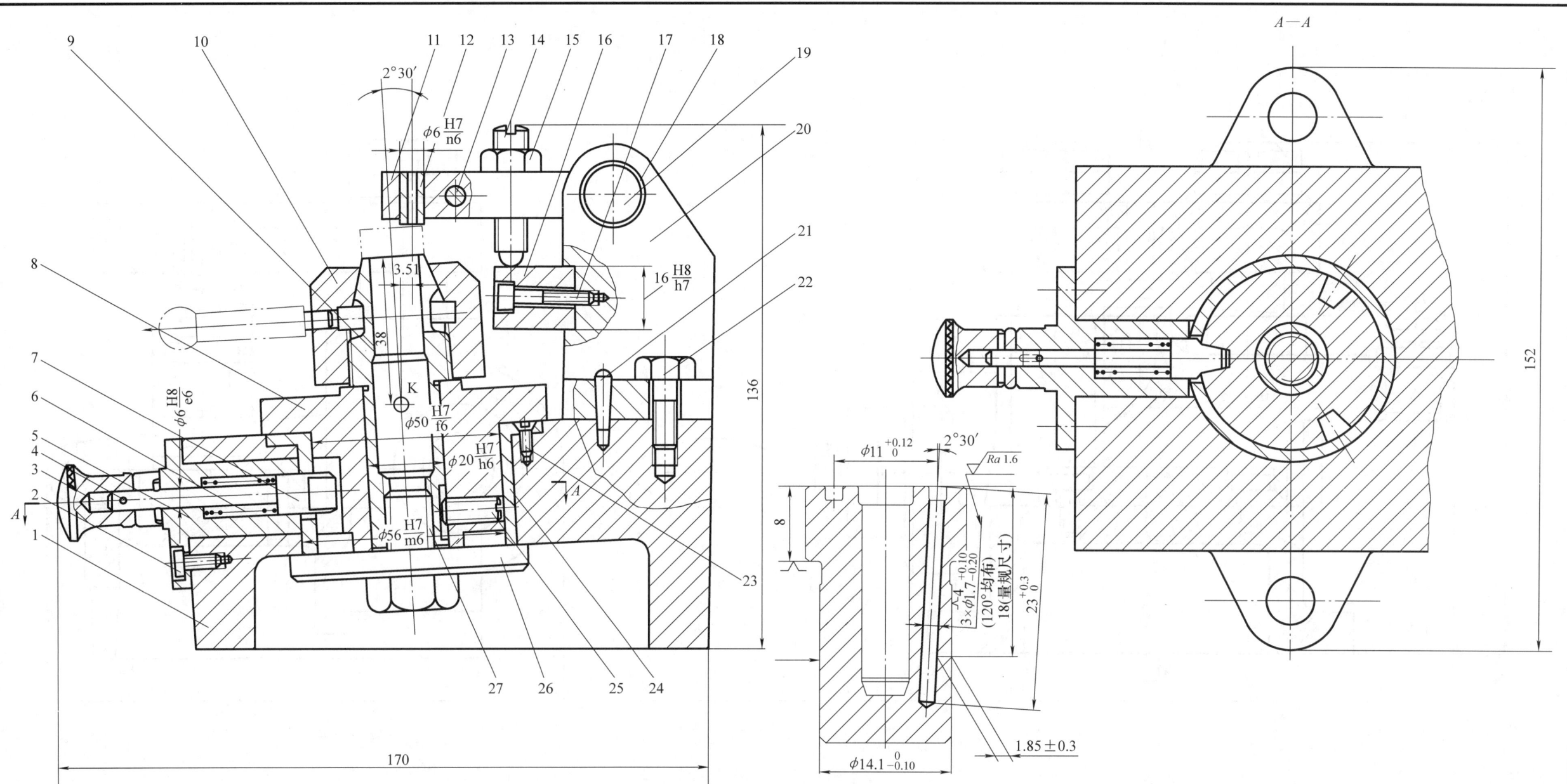

本夹具用于加工喷嘴的 $3 \times \phi 1.7^{+0.10}_{-0.20}$ mm 斜孔（工件材料为 GCr15）。工件以外圆及端面在弹簧夹头上定心夹紧。操作捏手 3，使对定销退出分度槽，然后转动套筒 8 即可实现分度，分度后用螺栓锁紧。夹具上设置工艺孔 K，以便确定钻套的装配位置。

| 件号 | 名称 | 件数 | 材料 | 备注 | 件号 | 名称 | 件数 | 材料 | 备注 | 件号 | 名称 | 件数 | 材料 | 备注 |
|---|---|---|---|---|---|---|---|---|---|---|---|---|---|---|
| 27 | 螺栓 | 1 | 35 | | 18 | 衬套 | 2 | 45 | 40~45HRC | 9 | 弹簧夹头 | 1 | 40Gr | 40~45HRC |
| 26 | 垫圈 | 1 | 45 | | 17 | 内六角螺钉 | 2 | 35 | | 8 | 套筒 | 1 | 45 | 40~45HRC |
| 25 | 螺钉 | 1 | 35 | | 16 | 定位块 | 1 | 45 | 40~45HRC | 7 | 对定销 | 1 | T7A | 55~60HRC |
| 24 | 衬套 | 1 | 45 | 40~45HRC | 15 | 六角螺母 | 1 | 35 | | 6 | 弹簧 | 1 | 碳素弹簧钢丝 | |
| 23 | 沉头螺钉 | 3 | 35 | | 14 | 紧定螺钉 | 1 | 45 | | 5 | 定位套 | 1 | 45 | 40~45HRC |
| 22 | 螺栓 | 2 | 35 | | 13 | 圆柱销 | 1 | 35 | | 4 | 圆柱销 | 1 | 35 | |
| 21 | 圆锥销 | 2 | 35 | | 12 | 钻套 | 1 | T7A | 55~60HRC | 3 | 捏手 | 1 | 45 | |
| 20 | 支架 | 1 | 45 | | 11 | 钻模板 | 1 | 45 | | 2 | 内六角螺钉 | 3 | 35 | |
| 19 | 圆柱销 | 1 | 45 | | 10 | 螺母 | 1 | 45 | | 1 | 夹具体 | 1 | HT200 | |
| 件号 | 名称 | 件数 | 材料 | 备注 | 件号 | 名称 | 件数 | 材料 | 备注 | 件号 | 名称 | 件数 | 材料 | 备注 |

## 钻-1　带分度装置的钻床夹具

B—B

A—A

$\phi$22h6

$\phi$15$\dfrac{H7}{r6}$

910±0.02

225

340

210

35

$\sqrt{2}$

160

35

$\phi$22H7

$\phi$18H7

910±0.1

10

$\sqrt{3}$

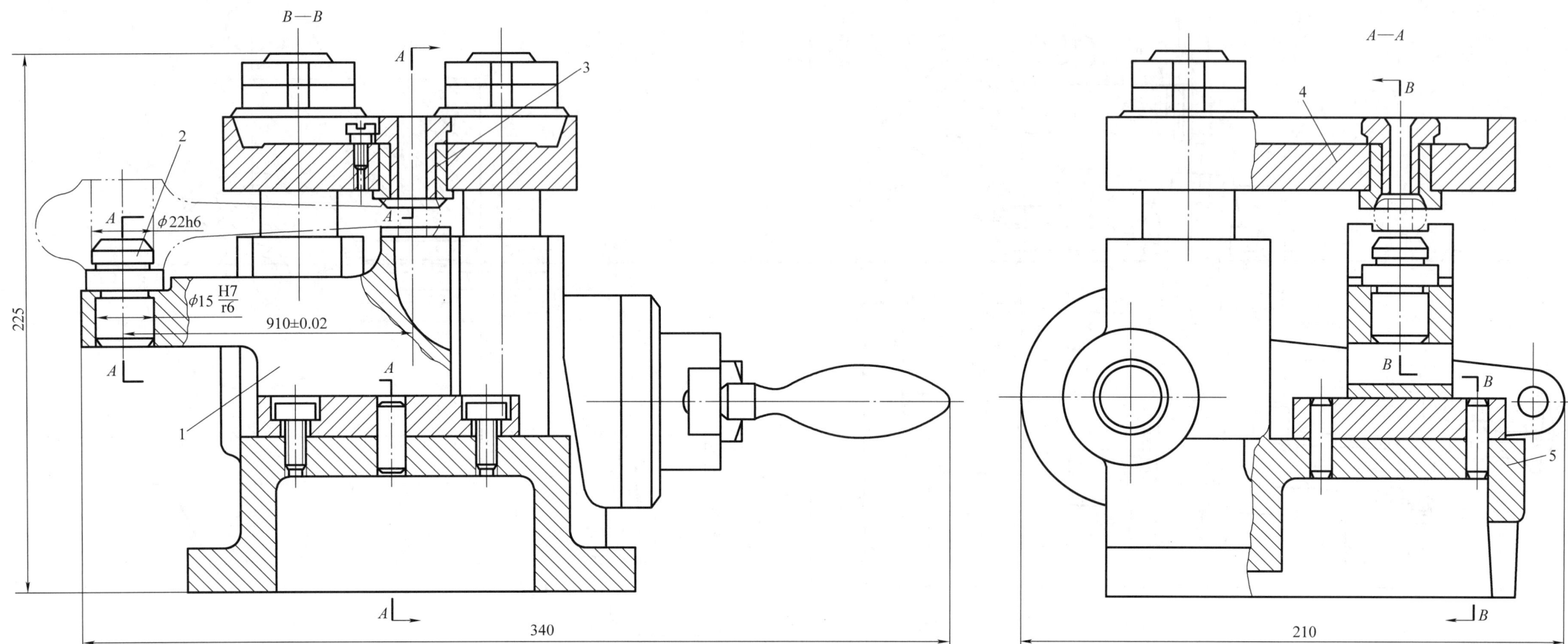

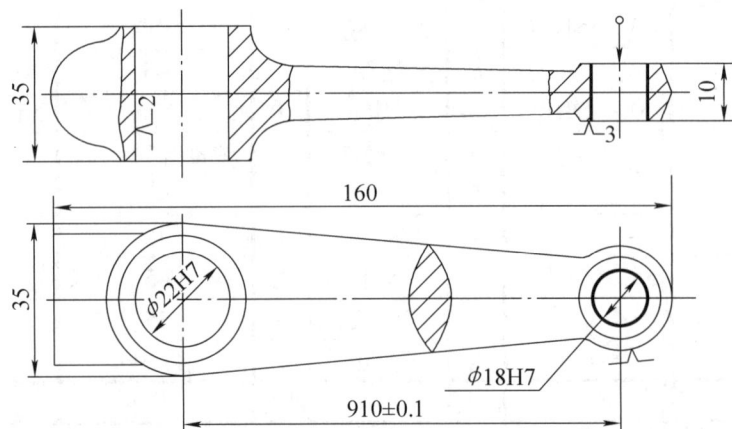

本夹具为手动滑柱式钻模，加工图示杠杆零件（工件材料为HT200）。工件以 $\phi$22H7 孔、端面及小端在定位销2、定位座1、定位套3上定位。转动手柄使滑柱带动钻模板下降，夹紧工件。调整更换件1、3、4即可加工不同的工件。本夹具用于多品种、中、小批生产中，可降低生产成本，缩短生产准备周期。

| 件号 | 名称 | 件数 | 材料 | 备注 |
|---|---|---|---|---|
| 5 | 夹具体 | 1 | HT200 | |
| 4 | 钻模板 | 1 | Q235 | |
| 3 | 定位套 | 1 | T7A | 50～55HRC |
| 2 | 定位销 | 1 | T7A | 40～45HRC |
| 1 | 定位座 | 1 | 45 | |

钻－2 滑柱式钻床夹具

多轴传动头

A—A

$\phi 6.9F8$

$\perp$ $\phi 0.03$ A

300

$\phi 25 \frac{H7}{h6}$

B

6    7

$\parallel$ 0.03 A

170

260

A

1    2    3    4    5

$6\times\phi 6.9$

$R34.5$

2

$20°$    $20°$

3

$42^{+0.03}_{0}$

$20°$    $20°$

$R34.5$

B

65.6±0.05

111±0.05

64.84±0.05

8

9

10

11

12

400

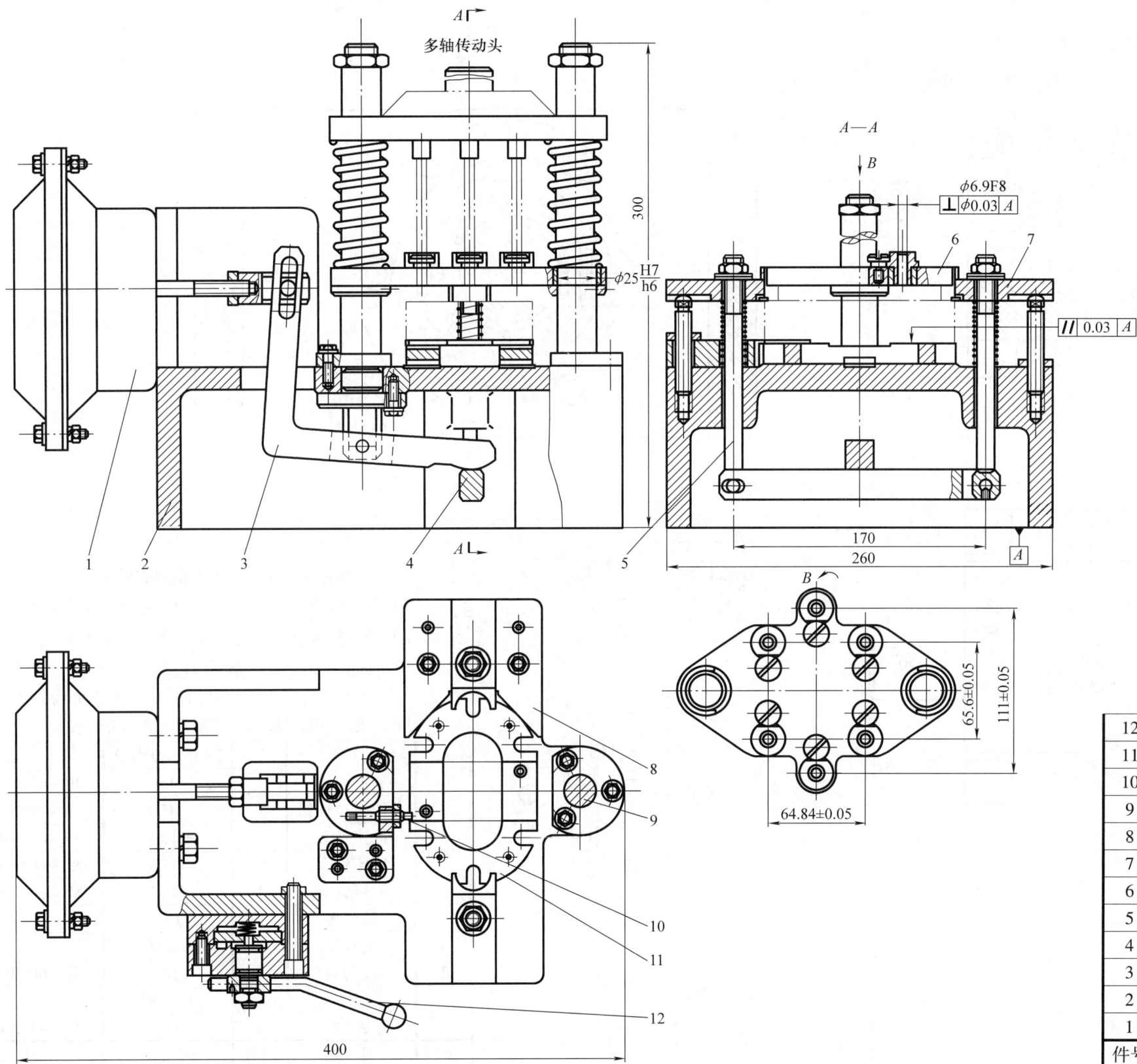

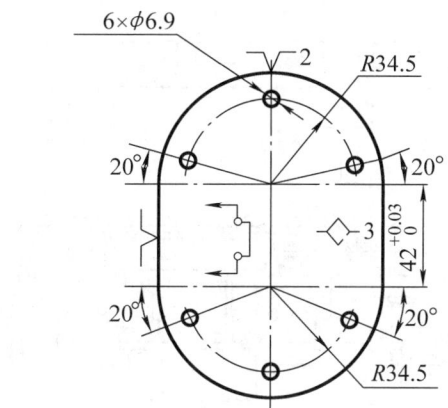

本夹具用于在立式钻床上采用多轴传动头加工前盖的平行孔（工件材料为HT200）。工件以平面、侧面在支承板11、V形块8、可调支承10上定位。气压传动弯臂杠杆3，经杠杆4、螺栓5、压板7夹紧工件。钻模板随主轴下降，引导麻花钻钻孔。本夹具适用于大批量的生产。

| 件号 | 名称 | 件数 | 材料 | 备注 |
|---|---|---|---|---|
| 12 | 配气阀手柄 | 1 | 35 | |
| 11 | 支承板 | 1 | T8 | 55～60HRC |
| 10 | 可调支承 | 1 | 35 | |
| 9 | 导柱 | 2 | 45 | 40～45HRC |
| 8 | V形块 | 1 | 45 | 45～50HRC |
| 7 | 压板 | 2 | 45 | 40～45HRC |
| 6 | 钻模板 | 1 | Q235 | |
| 5 | 螺栓 | 2 | 35 | |
| 4 | 杠杆 | 1 | 45 | 40～45HRC |
| 3 | 弯臂杠杆 | 1 | 45 | 40～45HRC |
| 2 | 夹具体 | 1 | HT200 | |
| 1 | 薄膜式气缸 | | | 成套 |

钻-3  悬挂式钻模板钻床夹具

$\phi 10H7$

$\bigodot \phi 0.02\ B$

$\perp \phi 0.02\ A$

$\phi 7F7$

$\phi 5F7$

$\perp \phi 0.02\ A$

$\phi 7F7$

$\perp \phi 0.02\ A$

$\parallel\ 0.02\ A$

9

A—A

10    11

$\dfrac{H7}{i6}$

$\phi 30\dfrac{H7}{i6}$

5

6    7    8

$\parallel\ 0.02\ A$

$30\pm0.02$

120

4

3

2

1

$\parallel\ 0.02\ A$

$6\times\phi 4F7$

$\perp \phi 0.02\ A$

$\phi 80\dfrac{H7}{k6}$

B

Ra 6.3

$\phi 7$    $2\times\phi 5$    $\phi 7$    Ra 6.3

8

8

3

$\phi 104\ ^{+0.1}_{\ 0}$

$\phi 119$

$6\times\phi 4$
EQS

$30\pm0.1$

$\phi 18\ ^{+0.018}_{\ 0}$

$\phi 119\pm0.1$

$81\pm0.02$

$58\pm0.03$

$48\pm0.02$    $33\pm0.02$

150

225

$81\pm0.1$

$48\pm0.1$

$58\pm0.15$

$33\pm0.1$

本夹具用于立式钻床上钻罩壳的 10 个孔（工件材料为 HT150）。工件以下端面、$\phi 104\ ^{+0.1}_{\ 0}$ mm、$\phi 18\ ^{+0.018}_{\ 0}$ mm 孔为定位基准，分别由夹具体 4、定心夹紧机构和菱形定位插销 9 定位。

本夹具的特点是：采用了定心夹紧机构，从而消除了配合间隙对加工孔位置尺寸的影响。

| 件号 | 名称 | 件数 | 材料 | 备注 |
|---|---|---|---|---|
| 11 | 弹簧 | 1 | 碳素弹簧钢丝 | |
| 10 | 滑块 | 3 | 45 | 40～45HRC |
| 9 | 菱形定位插销 | 1 | 45 | 40～45HRC |
| 8 | 固定钻套 | 1 | T10A | 55～60HRC |
| 7 | 固定钻套 | 2 | T10A | 55～60HRC |
| 6 | 固定钻套 | 1 | T10A | 55～60HRC |
| 5 | 钻模板 | 1 | Q235 | |
| 4 | 夹具体 | 1 | HT200 | |
| 3 | 固定钻套 | 6 | T10A | 55～60HRC |
| 2 | 座块 | 1 | HT200 | |
| 1 | 带锥拉杆 | 1 | 45 | 40～45HRC |

**钻 –4　多面翻转式钻床夹具**

A—A

$\phi18\dfrac{H7}{n6}$

$\phi10G7$

$\perp$ | $\phi0.05$ | $F$

$\phi22e8$

$\perp$ | $\phi0.03$ | $F$

$\phi16\dfrac{H7}{n6}$

140

$78\pm0.15$

$F$

180

$\perp$ | $0.03$ | $F$

$12.5\pm0.05$

$\phi22\dfrac{H7}{n6}$

$\phi13F7$

$\perp$ | $\phi0.05$ | $M$

$M$

143

15±0.15

*Ra 1.6*

$\phi10^{+0.10}_{0}$

$39.5\pm0.5$

$15\pm0.5$

$\phi13$  *Ra 1.6*

25

2

3

$\phi22^{+0.28}_{0}$

42

$R12$

$78\pm0.5$

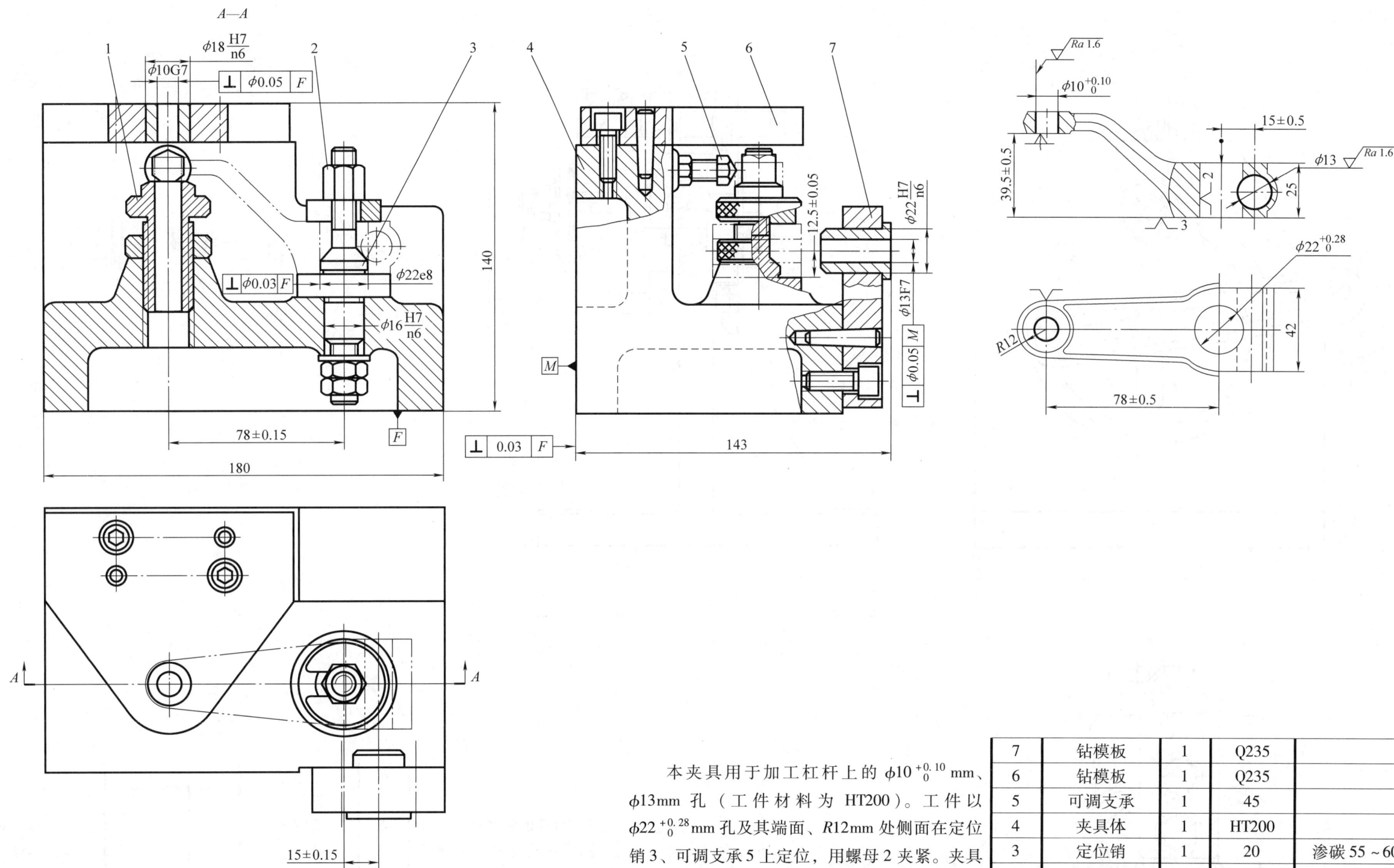

本夹具用于加工杠杆上的 $\phi10^{+0.10}_{0}$ mm、$\phi13$mm 孔（工件材料为 HT200）。工件以 $\phi22^{+0.28}_{0}$mm 孔及其端面、$R12$mm 处侧面在定位销3、可调支承5上定位，用螺母2夹紧。夹具采用辅助支承1。夹具体上有 $M$、$F$ 两个基准面，以便于翻转，加工两个相互垂直的孔。本夹具适用于中小批小型零件的加工。

| 7 | 钻模板 | 1 | Q235 | |
| 6 | 钻模板 | 1 | Q235 | |
| 5 | 可调支承 | 1 | 45 | |
| 4 | 夹具体 | 1 | HT200 | |
| 3 | 定位销 | 1 | 20 | 渗碳 55~60HRC |
| 2 | 螺母 | 1 | 45 | |
| 1 | 辅助支承 | 1 | 45 | 40~45HRC |
| 件号 | 名称 | 件数 | 材料 | 备注 |

钻-5 翻转式钻床夹具

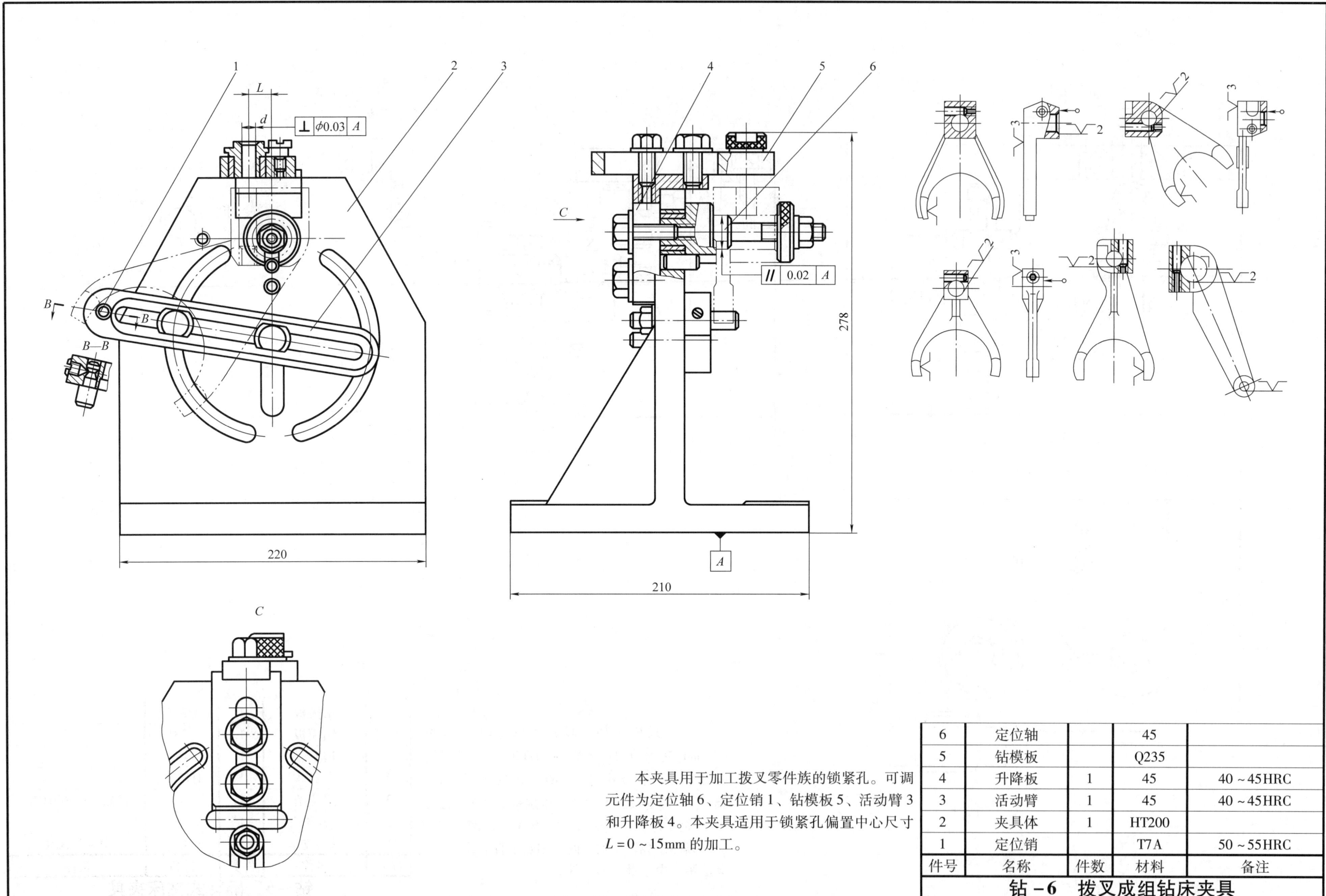

⊥ $\phi 0.03$ A

∥ 0.02 A

本夹具用于加工拨叉零件族的锁紧孔。可调
元件为定位轴6、定位销1、钻模板5、活动臂3
和升降板4。本夹具适用于锁紧孔偏置中心尺寸
$L = 0 \sim 15\text{mm}$ 的加工。

| 件号 | 名称 | 件数 | 材料 | 备注 |
|---|---|---|---|---|
| 6 | 定位轴 | | 45 | |
| 5 | 钻模板 | | Q235 | |
| 4 | 升降板 | 1 | 45 | 40 ~ 45HRC |
| 3 | 活动臂 | 1 | 45 | 40 ~ 45HRC |
| 2 | 夹具体 | 1 | HT200 | |
| 1 | 定位销 | | T7A | 50 ~ 55HRC |

**钻 −6  拨叉成组钻床夹具**

A—A

L

d

120

125

1  2  3  4

6  5

8  7

D—D

60

B—B

// 0.03 M

≡ 0.03 C

⊥ φ0.03 M

φ8 $\frac{F7}{m6}$

M

C

A—A

D

B

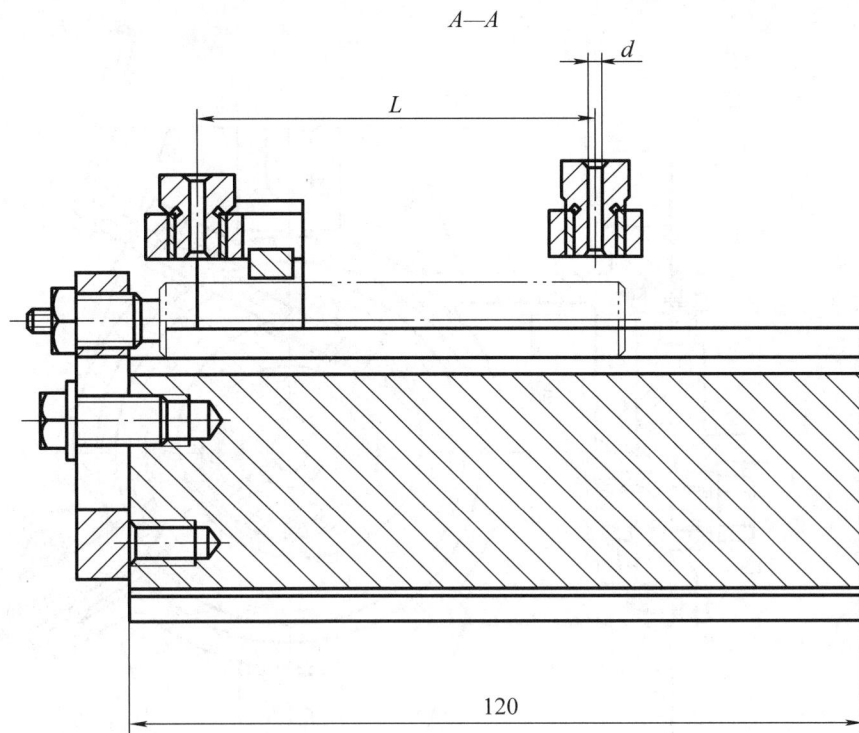

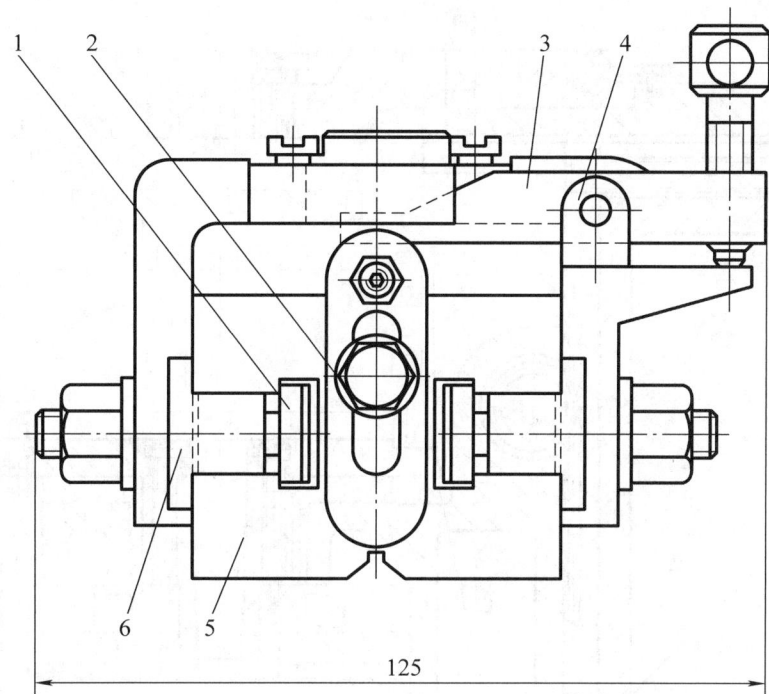

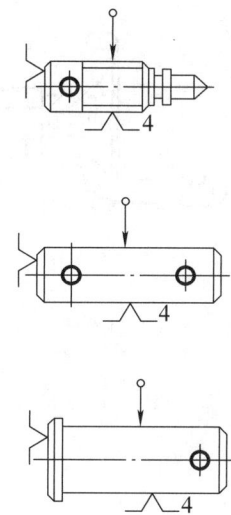

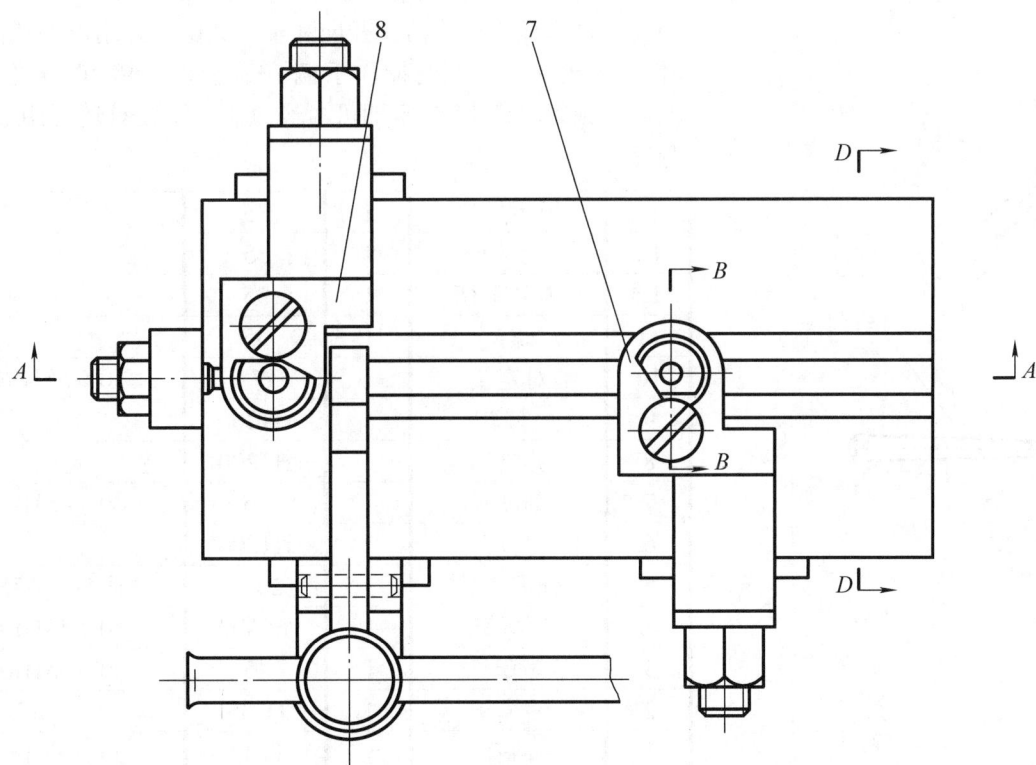

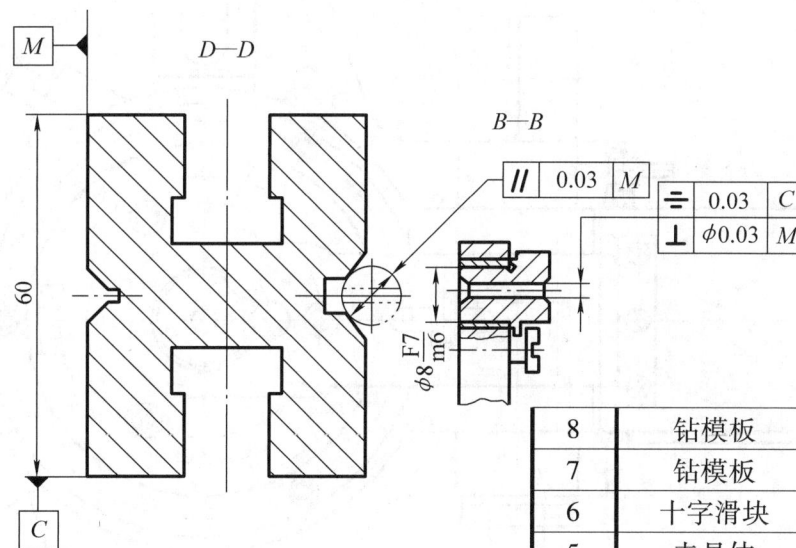

本夹具用于加工短轴零件族的径向孔。夹具体设有大、小型V形定位槽，以便工件定位。工件由压板3夹紧，可调元件为支承钉板2、支架4、钻模板7和8。本夹具适用于加工中心距 $L = 22$ ～105mm。

| 件号 | 名称 | 件数 | 材料 | 备注 |
|---|---|---|---|---|
| 8 | 钻模板 | 1 | 45 | |
| 7 | 钻模板 | 1 | 45 | |
| 6 | 十字滑块 | 3 | 45 | 40～45HRC |
| 5 | 夹具体 | 1 | 45 | 40～45HRC |
| 4 | 支架 | 1 | 45 | |
| 3 | 压板 | 1 | 45 | 40～45HRC |
| 2 | 支承钉板 | 1 | 45 | |
| 1 | T形螺栓 | 3 | 45 | |

**钻－7　短轴零件族成组钻床夹具**

A—A

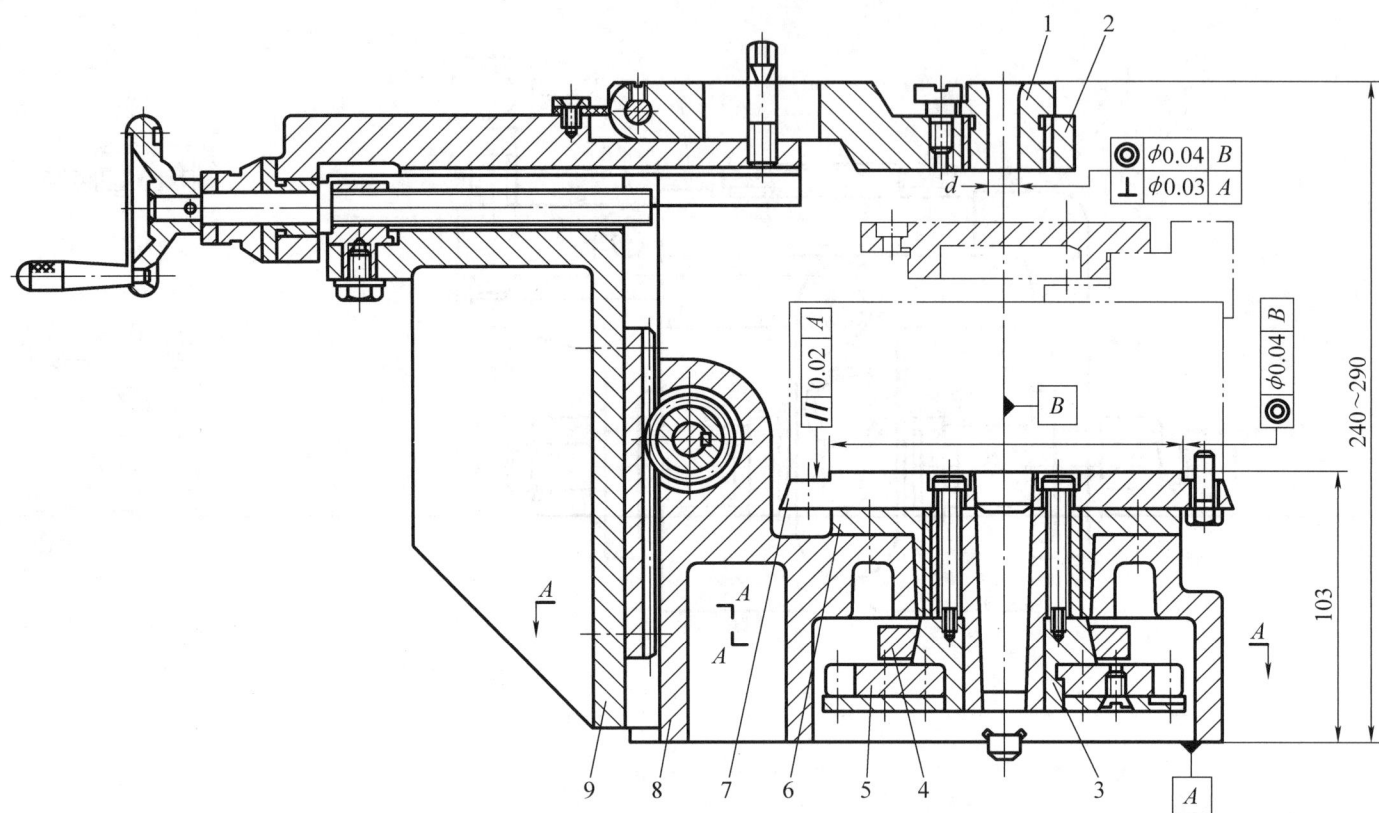

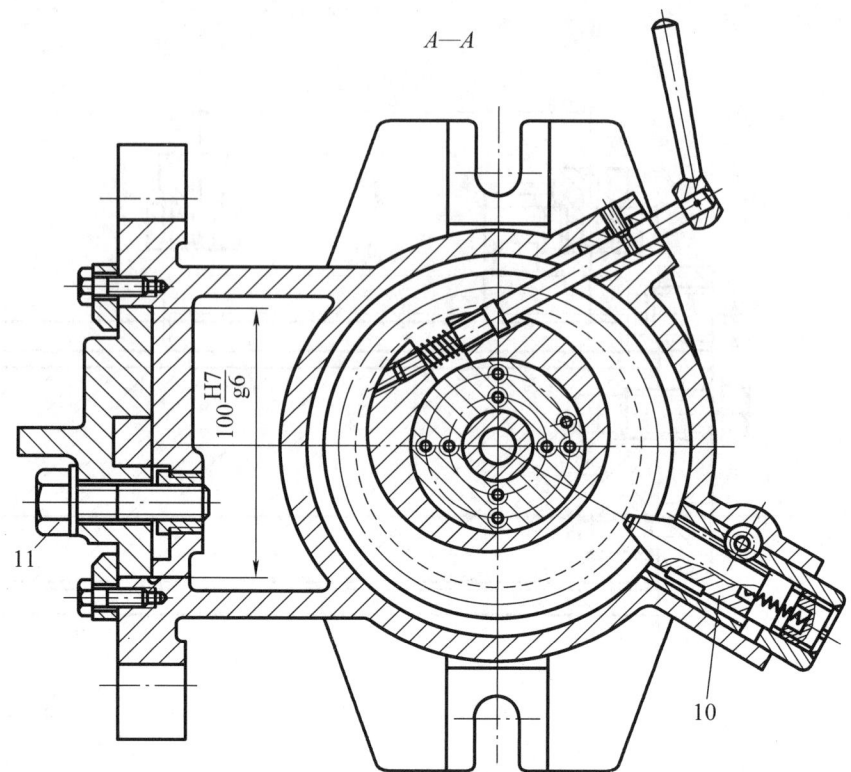

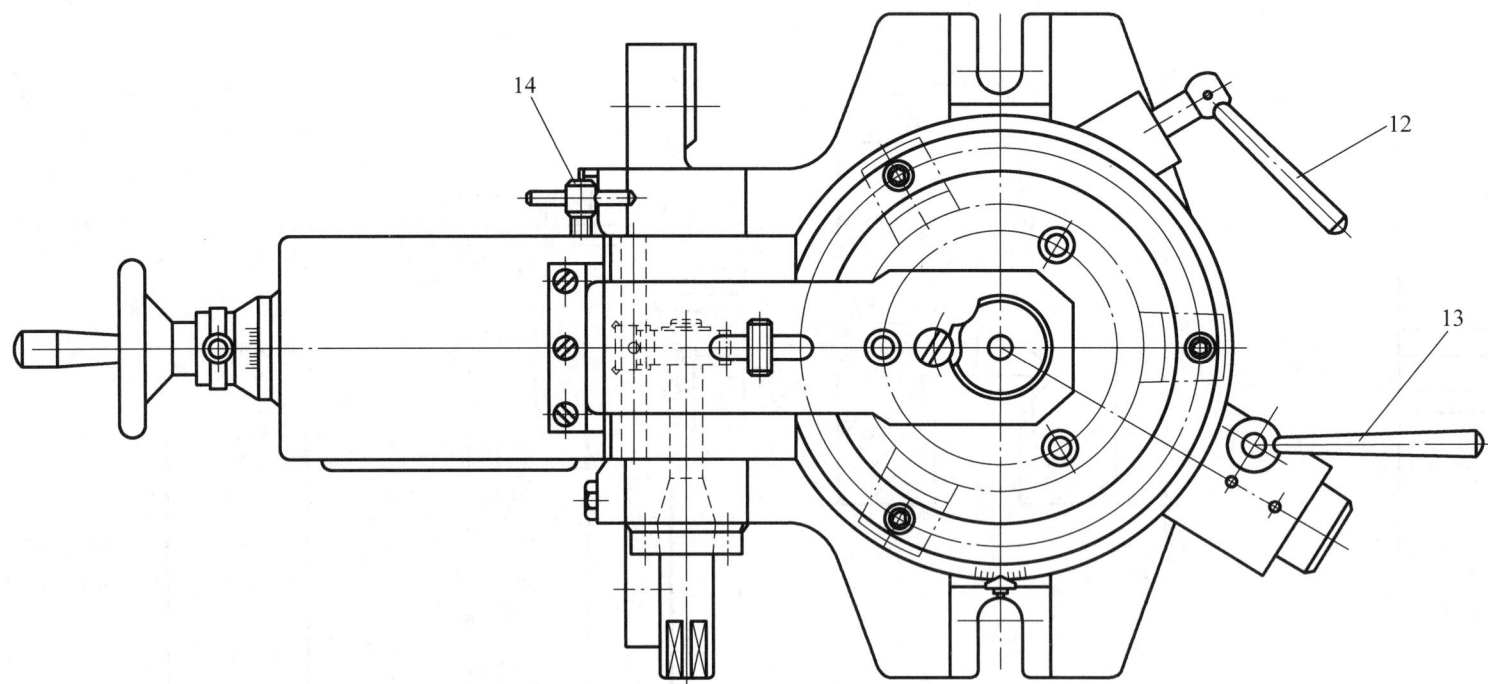

本夹具为通用立轴分度装置，用于加工盘类零件族的轴向孔。钻模板 2 可按需作径向和轴向调整，并用扳手螺钉 14、螺钉 11 锁紧。分度时操作手柄 13，使对定销 10 分度对定，然后用锁紧手柄 12 锁紧即可。经改制，本夹具还可用于卧轴分度。

| 件号 | 名称 | 件数 | 材料 | 备注 |
|---|---|---|---|---|
| 14 | 扳手螺钉 | 1 | 35 | |
| 13 | 手柄 | 1 | 35 | |
| 12 | 锁紧手柄 | 1 | 35 | |
| 11 | 螺钉 | 1 | 35 | |
| 10 | 对定销 | 1 | T7A | 50～55HRC |
| 9 | 支架 | 1 | HT200 | |
| 8 | 夹具体 | 1 | HT200 | |
| 7 | 刻度盘 | 1 | 45 | 40～45HRC |
| 6 | 衬套 | 1 | HT200 | |
| 5 | 分度齿轮 | 1 | 20Cr | 渗碳 58～62HRC |
| 4 | 锁紧环 | 1 | 65Mn | 40～45HRC |
| 3 | 套 | 1 | 45 | 40～45HRC |
| 2 | 钻模板 | 1 | Q235 | |
| 1 | 钻套 | 1 | T10A | 60～65HRC |

## 钻 –8　通用回转式钻床夹具

2×φ6.7F8

⊥ φ0.06/100 A

56.5±0.05

28.25

C

K

1

22.5±0.05

10°±10'

160.25

195

2

‖ 0.03 A

49

3

4

65

65

210

B—B

5

6

7

8

9

‖ 0.03/100 A

129.786±0.05

φ24 +0.03 −0.010

⊥ 0.03/100 A

φ16 G7/h6

φ16 N7/h6

32 H8/h6

147

A—A

10°

52

8

10

45±0.25

φ24f9

2×φ7

23

2

3

20

2×M8×1.5−7H

φ16

A—A

A—A

Ra 3.2

C—C

20±0.05

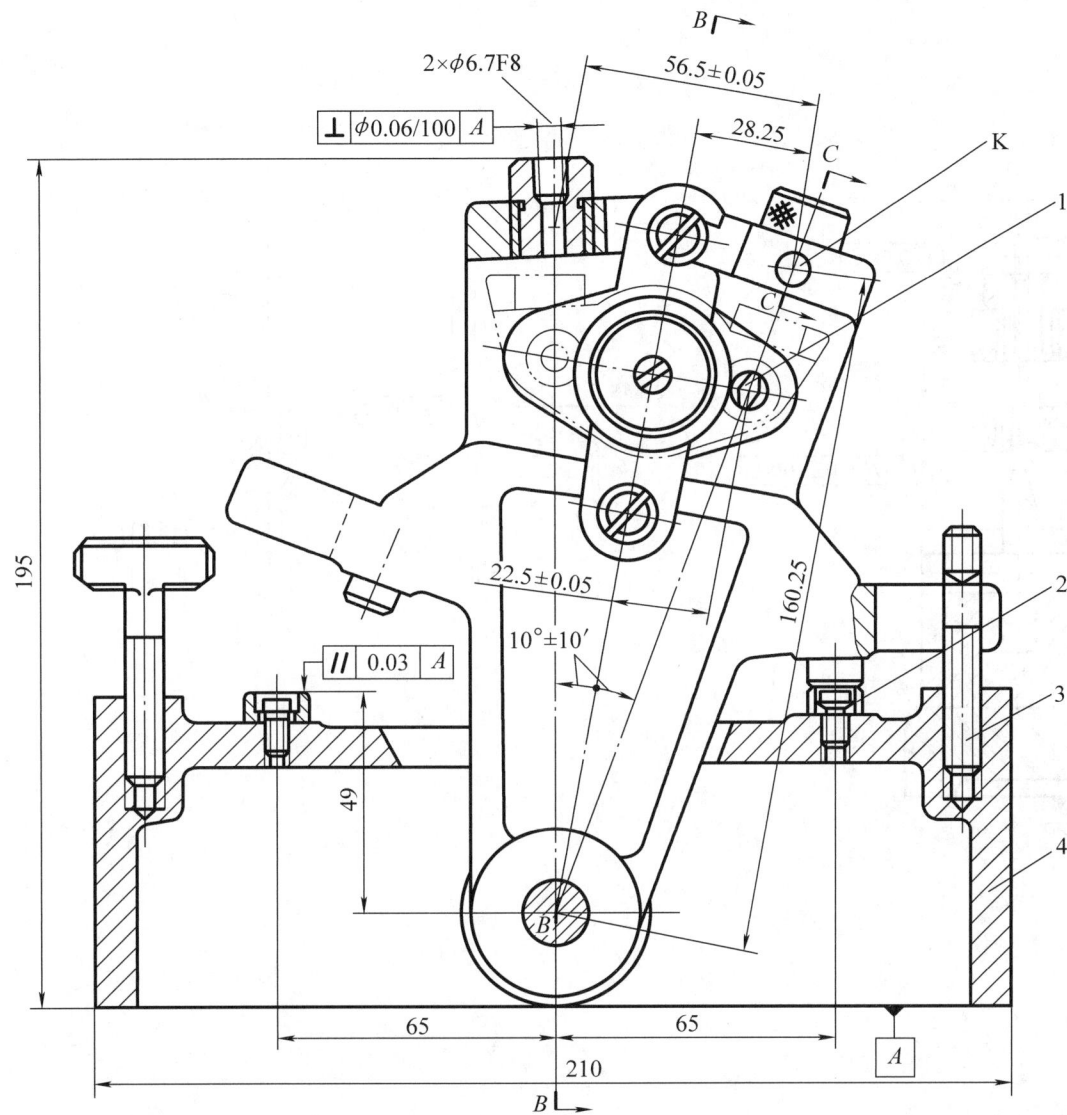

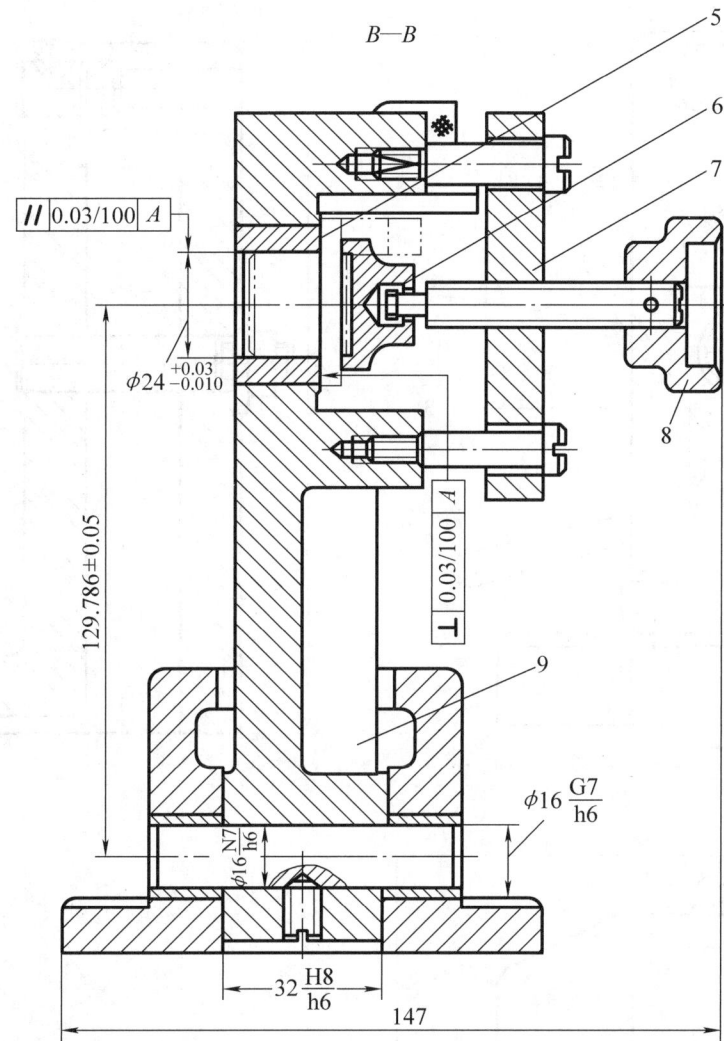

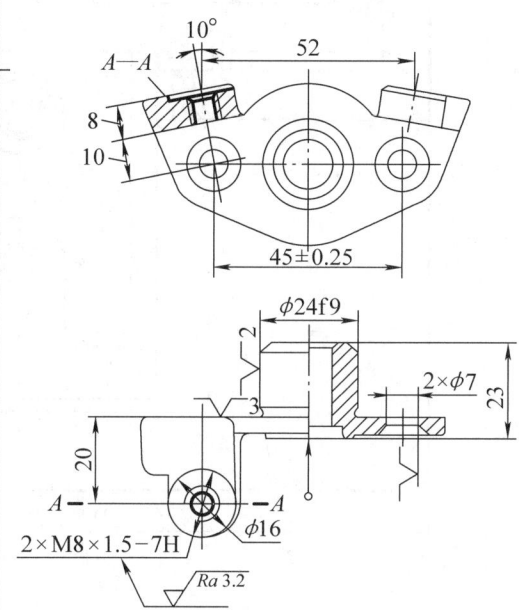

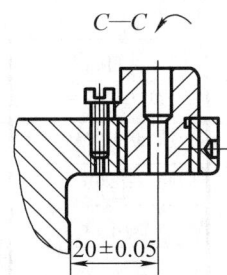

本夹具用于加工摇臂上斜孔 M8×1.5−7H 及台阶面（工件材料为 QT400−17）。工件以 φ24f9 外圆及端面、φ7mm 孔在定位套 5、菱形定位销 1 上定位。由压块 6 夹紧工件。本夹具采用快卸式压板，使工件的装卸方便；导向采用摆动式钻模板，结构新颖；并设置两个工艺孔 K，用以确定菱形定位销与钻套间的相互位置。

| 9 | 摆动架 | 1 | HT200 | |
| 8 | 滚花螺母 | 1 | 35 | |
| 7 | 快卸压板 | 1 | 45 | 40~45HRC |
| 6 | 压块 | 1 | 45 | 40~45HRC |
| 5 | 定位套 | 1 | T7A | 50~55HRC |
| 4 | 夹具体 | 1 | HT200 | |
| 3 | 锁紧螺钉 | 2 | 35 | |
| 2 | 定位套 | 2 | T7A | 50~55HRC |
| 1 | 菱形定位销 | 1 | T7A | 50~55HRC |
| 件号 | 名称 | 件数 | 材料 | 备注 |

钻−9　摆动式钻床夹具

φ51g6

$⟂$ 0.04 B

$⟂$ 0.04 B

1

2

3

4

7

215

A—A

235

3.1±0.03

φ8.4G7

$⟂$ φ0.02 C

φ15.81h6

$//$ 0.02/100 C

C

$51^{+0.1}_{0}$

3.1±0.1

$⟂$ 0.2 A

φ8.4

Ra 1.6

14.2$^{+0.1}_{0}$

φ15.81F8

A

6

5

180

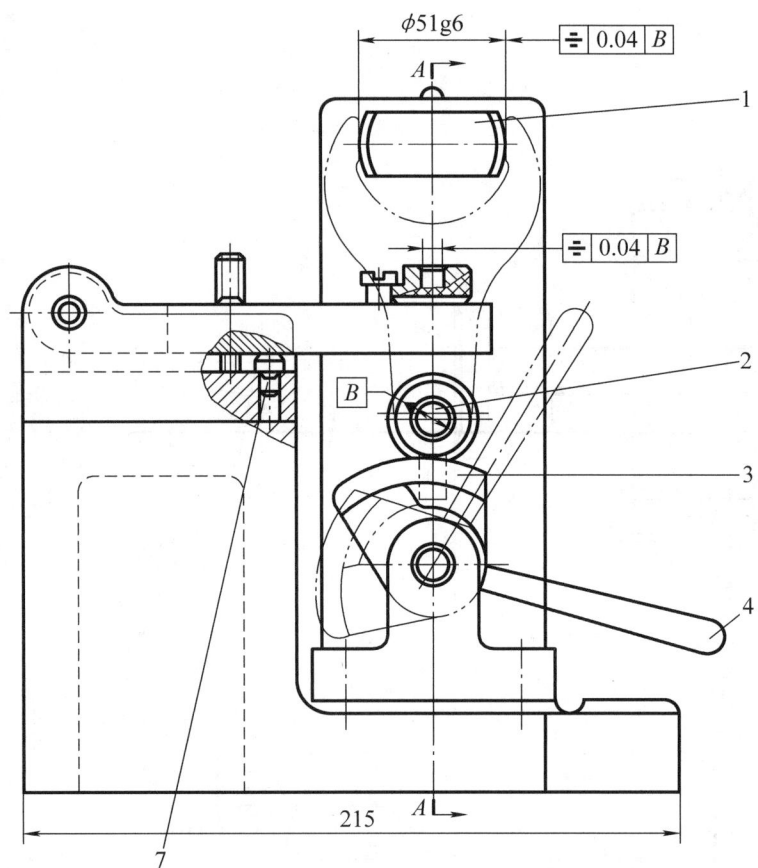

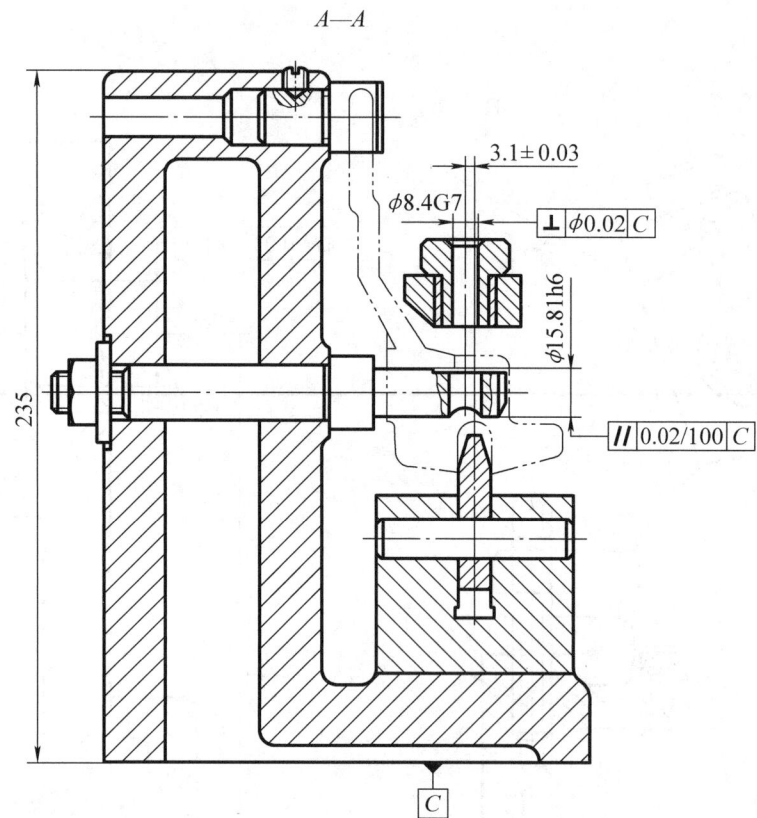

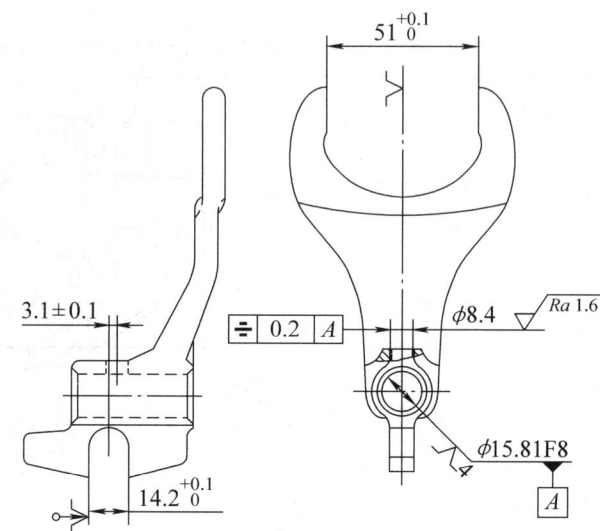

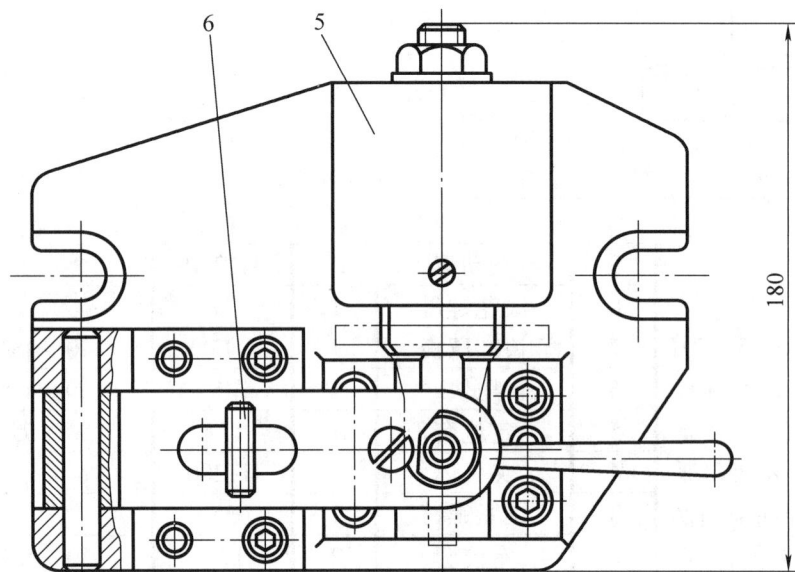

本夹具用于加工拨叉上 φ8.4mm 孔（工件材料为 45 钢）。工件以 φ15.81F8 孔、叉口及槽在定位轴 2、削边销 1、偏心轮 3 上定位，由偏心轮夹紧工件，并利用偏心轮楔面的作用限制工件一个自由度。本夹具采用铰链式钻模板，放松锁紧螺钉 6，即可回转钻模板，以便于装卸工件。

| 件号 | 名称 | 件数 | 材料 | 备注 |
|---|---|---|---|---|
| 7 | 支承钉 | 2 | 45 | 40～45HRC |
| 6 | 锁紧螺钉 | 1 | 45 | |
| 5 | 夹具体 | 1 | HT150 | |
| 4 | 手柄 | 1 | 35 | |
| 3 | 偏心轮 | 1 | T7A | 50～55HRC |
| 2 | 定位轴 | 1 | T7A | 50～55HRC |
| 1 | 削边销 | 1 | T7A | 50～55HRC |

**钻－10　铰链钻模板钻床夹具**

A—A

φ20.2F8

35±0.05

C

φ55f6

φ55 H7/m6

4

3

2

1

5

6

301

75

64.79±0.05

45.69±0.05

210

310

69.48±0.05

49±0.05

49±0.05

69.48±0.05

A

75±0.15

5×φ20.2  Ra 1.6

φ40H7

φ55H7

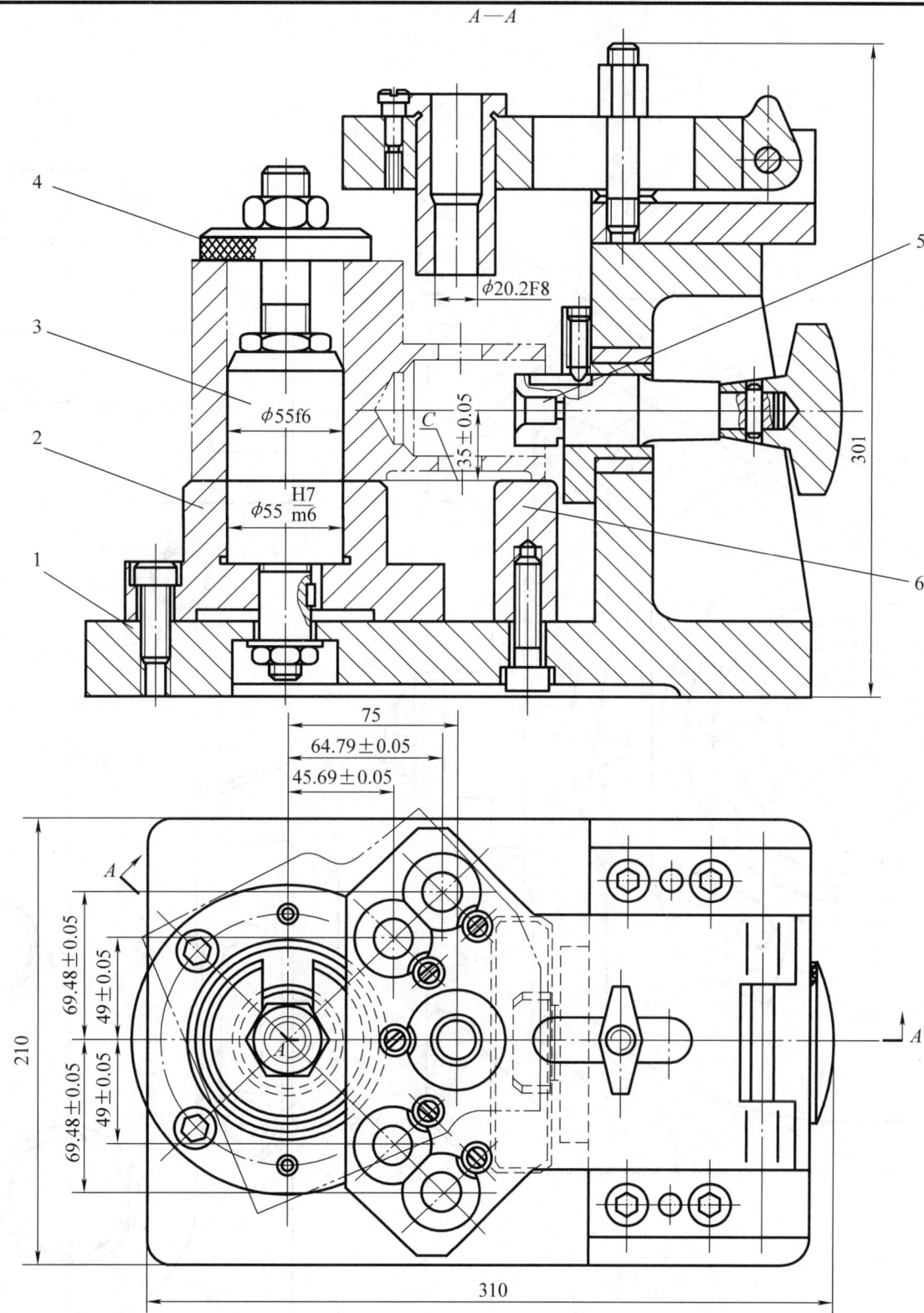

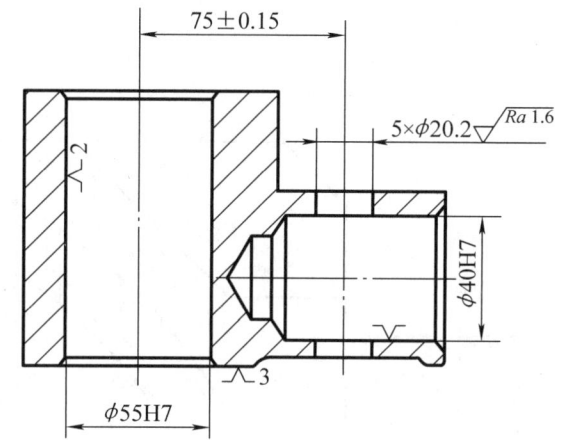

本夹具用于加工拖拉机左踏板支架上的五个孔。工件以φ55H7、φ40H7 内孔及端面为定位基准，在定位轴 3、菱形定位插销 5 及支承板 6 上定位。两支承板的定位面要确保共面 C。采用菱形定位插销是因为防止过定位及工件的装夹问题。夹具采用铰链钻模板，操作方便。

| 6 | 支承板 | 1 | 20 | 渗碳淬硬 60～62HRC |
| 5 | 菱形定位插销 | 1 | T7 | 50～55HRC |
| 4 | 快换垫圈 | 1 | 45 | |
| 3 | 定位轴 | 1 | 20 | 渗碳淬硬 60～62HRC |
| 2 | 圆环支承板 | 1 | 20 | 渗碳淬硬 60～62HRC |
| 1 | 夹具体 | 1 | HT200 | |
| 件号 | 名称 | 件数 | 材料 | 备注 |

## 钻-11  带菱形定位插销的钻床夹具

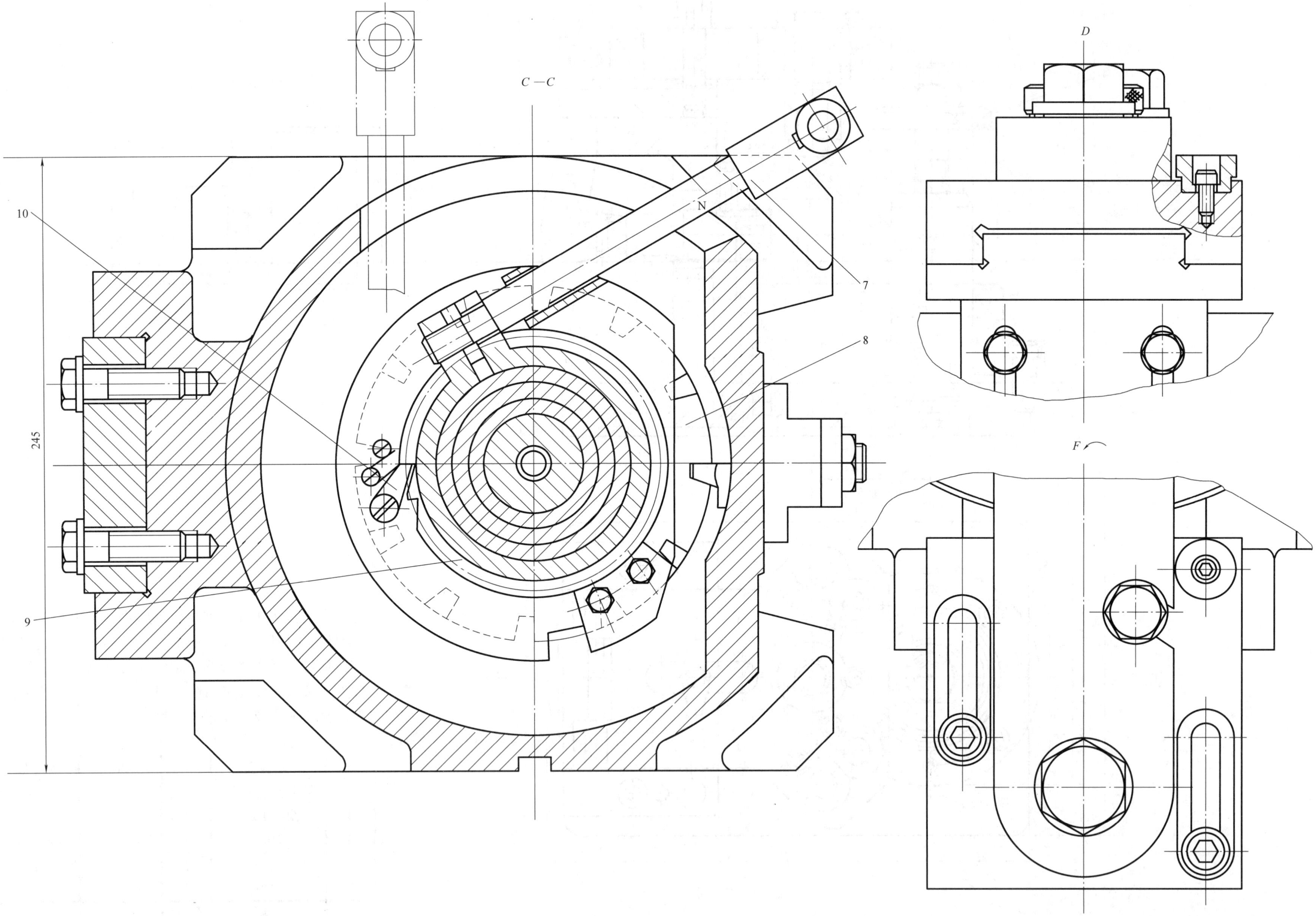

C—C

C—C

D

N

F

10

7

8

9

245

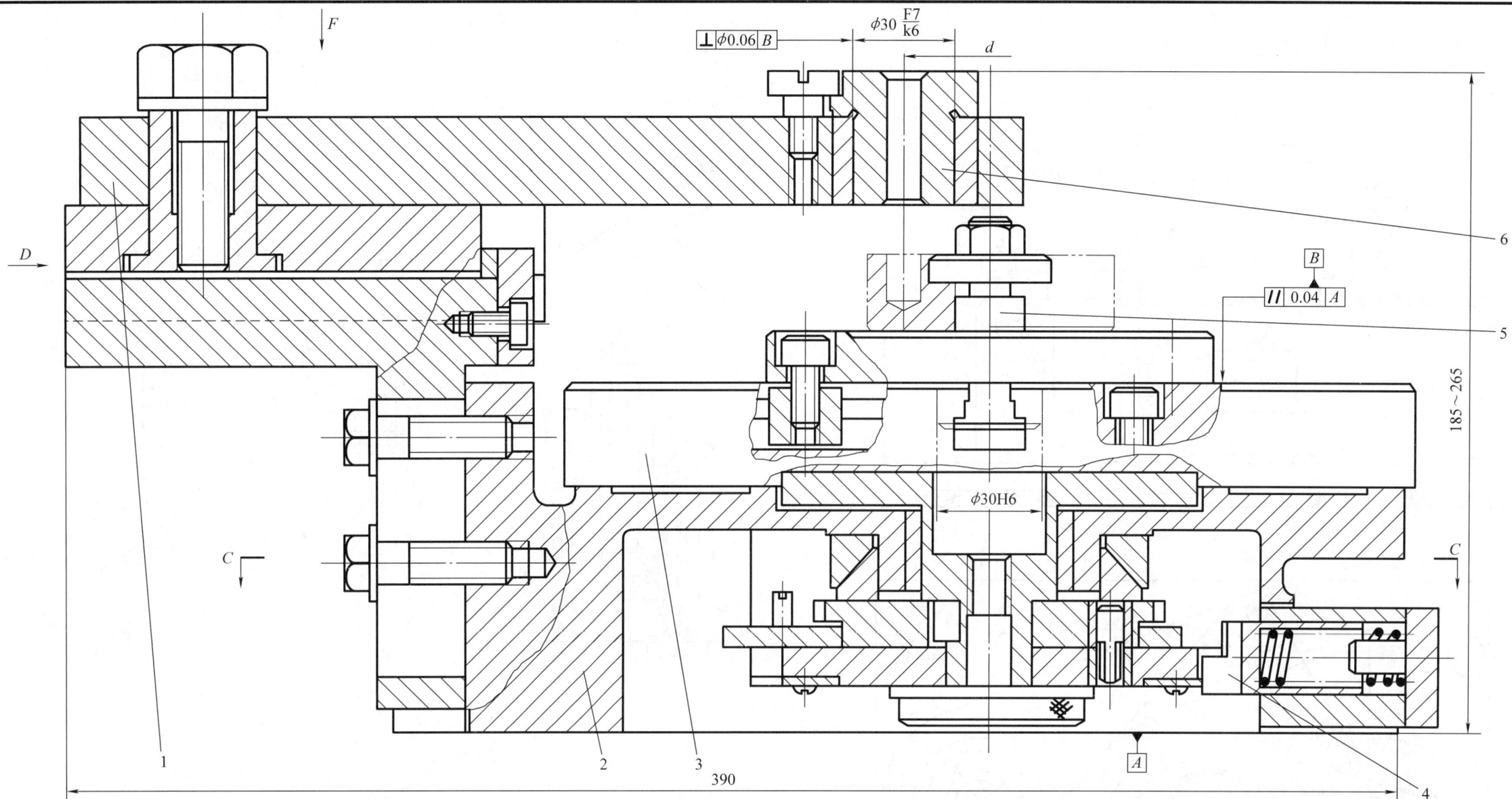

$\phi30\dfrac{F7}{k6}$

$\perp$ | $\phi0.06$ | B

$\perp$ | $\phi0.06$ | B

$d$

$B$

$//$ | $0.04$ | $A$

$185\sim265$

$\phi30H6$

$C$

$390$

$A$

| 10 | 棘轮爪 | 1 | 45 | |
| 9 | 棘轮 | 1 | 45 | |
| 8 | 分度板 | 1 | 45 | |
| 7 | 锁紧手柄 | 1 | 35 | |
| 6 | 钻套 | 1 | T7A | 55~60HRC |
| 5 | 定位盘 | 1 | 45 | 40~45HRC |
| 4 | 分度对定销 | 1 | T7 | 55~60HRC |
| 3 | 回转盘 | 1 | 45 | 40~45HRC |
| 2 | 夹具体 | 1 | HT200 | |
| 1 | 钻模板 | 1 | 45 | |
| 件号 | 名称 | 件数 | 材料 | 备注 |

本夹具用于加工盘类零件族圆周分布的轴向孔。工件用定位盘装夹，定位盘为更换元件，可按不同工件选择。分度时，用锁紧手柄 7 将锁紧环放松，并逆时针方向转动锁紧手柄，使分度对定销 4 退出；同时使棘轮爪 10 从棘轮 9 上滑过，嵌入下一个棘轮槽中。再将锁紧手柄按顺时针方向回转，即实现工件的分度。分度板可更换。本夹具适用于孔圆周分布直径 $d = \phi50 \sim \phi100mm$ 的加工。

**钻 –12　盘类零件族成组钻床夹具**

$C$

$144.17\pm0.01$

$K$

$12\pm0.005$

$(3\pm1°)$

$A—A$

$B—B$

$96$

$\phi65H7$

$(145\pm0.05)$

$\phi14H7$

$3°$

$\sqrt{3}$

$\boxed{\odot\ \phi0.02\ D}$

$D$

$\phi72^{+0.03}_{0}$

$B$

$Ra\ 0.8$

$\phi72^{+0.03}_{0}$

$90\pm0.05$

$30°$

$(11\pm0.05)$

$B$

$B$

$B$

$B$

$5$

$4$

$3$

$2$

$1$

$\phi65g6$

$\boxed{//\ 0.05\ A}$

$6$

$7$

$350$

$280$

$171.98\pm0.01$

$A$

$8$

$9$

$315$

$120\pm0.01$

$11\pm0.01$

$\phi13.966h6$

$78\pm0.01$

$C$

$K$

找正基面

$470$

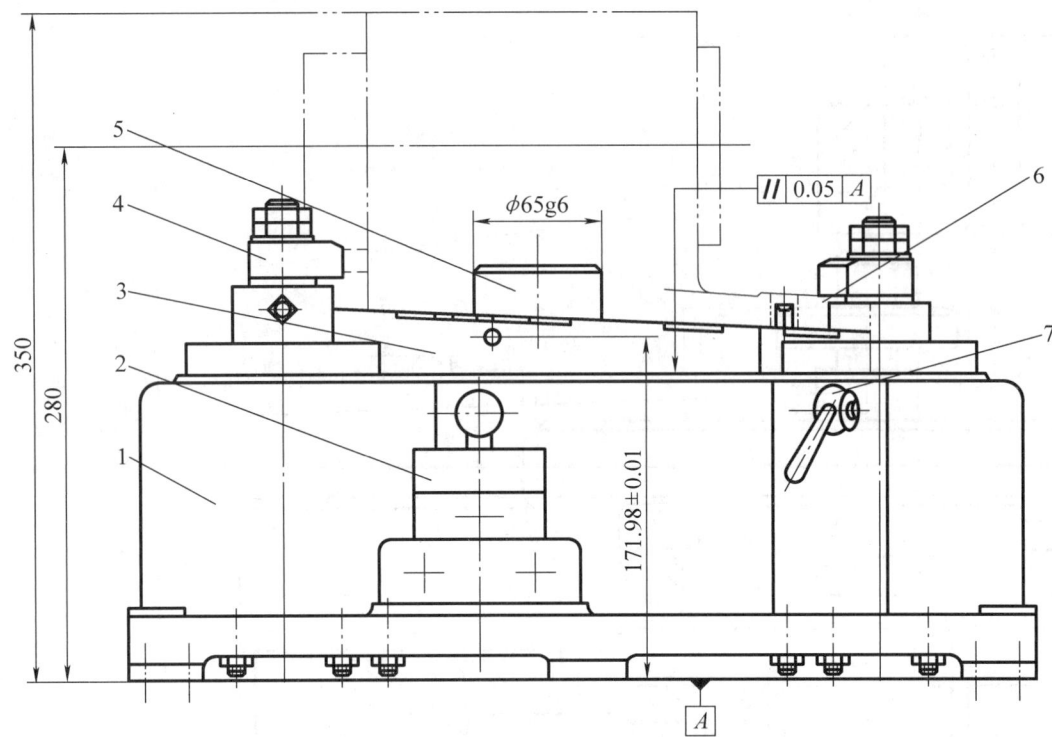

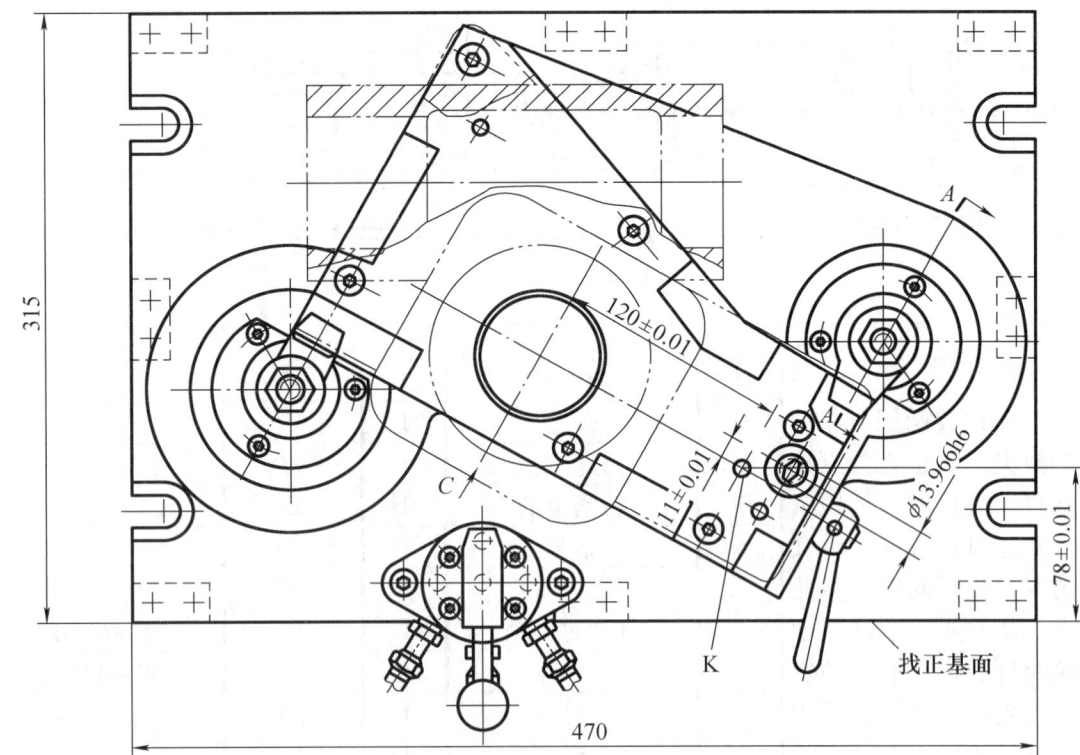

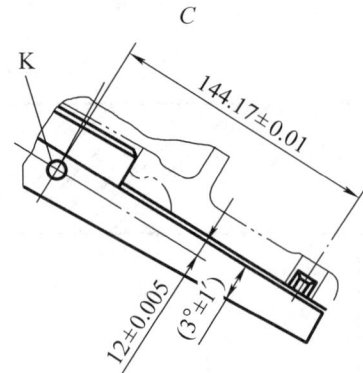

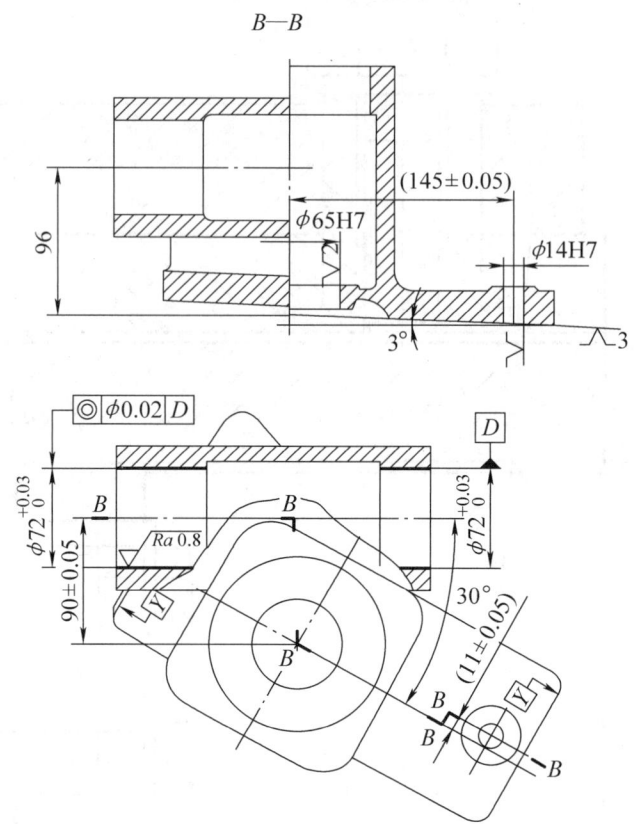

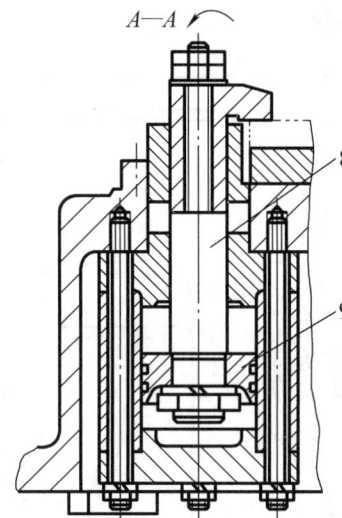

本夹具用于金刚镗床加工操纵箱壳体的 $\phi72^{+0.03}_{0}$ mm 孔（工件材料为 HT200）。工件以斜面，$\phi65H7$ 孔及 $\phi14H7$ 孔在支承板 3、圆柱销 5、菱形定位销 6 上定位。菱形定位销由手柄 7 操作。液压传动活塞 9，经活塞杆 8、压板 4 夹紧工件。夹具设置两个工艺孔 K，以保证两销的位置和 $\phi72^{+0.03}_{0}$ mm 孔轴线的 30° 角。

| 件号 | 名称 | 件数 | 材料 | 备注 |
|---|---|---|---|---|
| 9 | 活塞 | 2 | 45 | |
| 8 | 活塞杆 | 2 | 45 | |
| 7 | 手柄 | 1 | 35 | |
| 6 | 菱形定位销 | 1 | T7 | 50～55HRC |
| 5 | 圆柱销 | 1 | T7 | 50～55HRC |
| 4 | 压板 | 2 | 45 | 40～45HRC |
| 3 | 支承板 | 1 | 20 | 渗碳58～63HRC |
| 2 | 液压开关 | 1 | | 成套 |
| 1 | 夹具体 | 1 | HT200 | |
| 件号 | 名称 | 件数 | 材料 | 备注 |

镗–1　液压夹紧镗床夹具

A—A

$\phi 25H8/f9$  $\phi 75H8/f9$

210.015±0.005

300

295

450

B—B

$\phi 16H8/f9$  $\phi 45H8/f9$  $\phi 50H7/n6$  $\phi 60H7/n6$

C—C

$\boxed{\phi 0.06/100\ D}$  $\boxed{\phi 0.1\ D}$

$\boxed{\phi 0.05/100\ D}$

$\phi$  $\phi$

$\phi 70^{+0.019}_{0}$ (E)  $Ra\,1.6$

两面  $\boxed{\perp 0.10/100\ D}$

$\boxed{0.008}$

$Ra\,1.6$

$\phi 35^{+0.025}_{+0.015}$  Y

$\boxed{0.007}$  $\boxed{0.10}$

210$^{+0.03}_{0}$

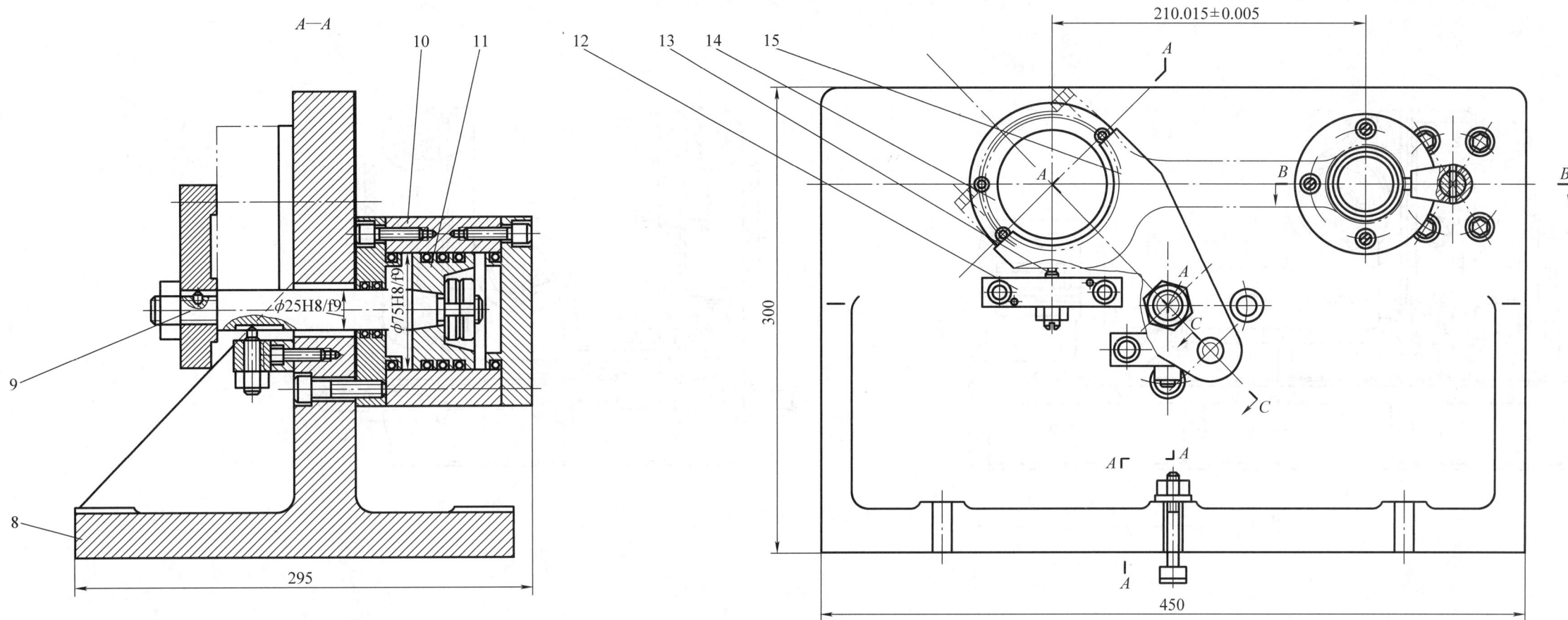

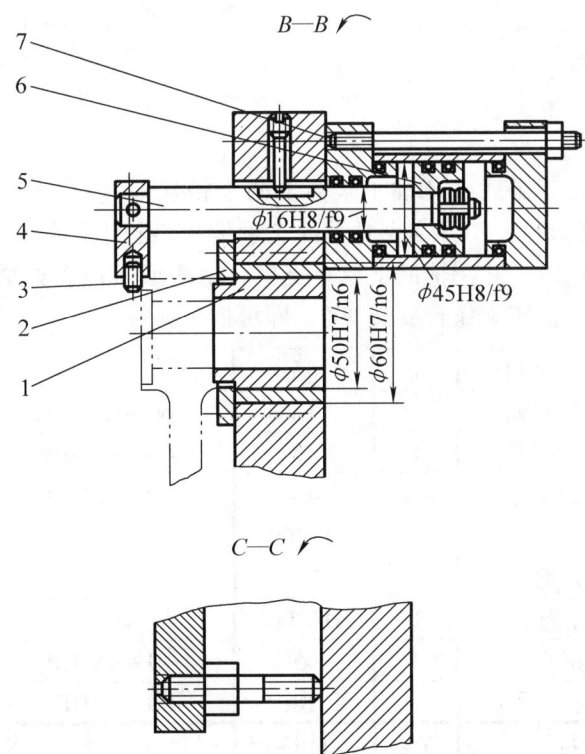

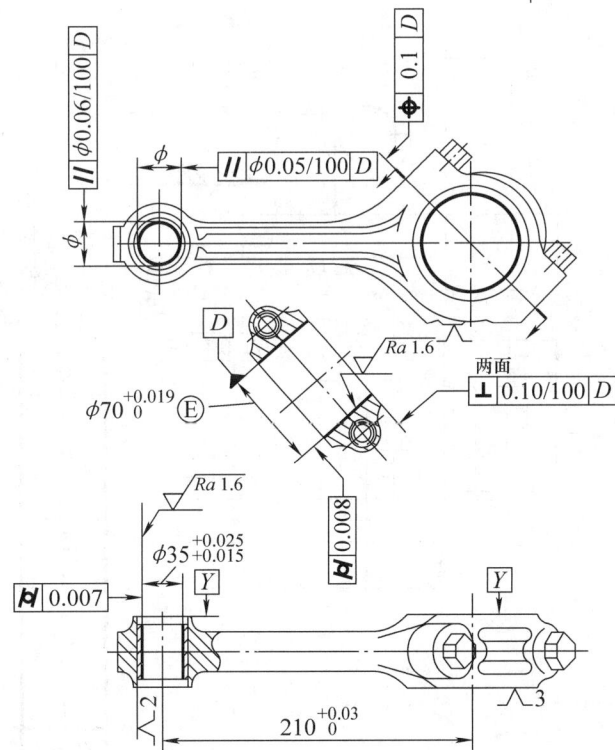

本夹具在卧式金刚镗床上使用，镗连杆大小孔 $\phi 35^{+0.025}_{+0.015}$ mm 和 $\phi 70^{+0.019}_{0}$ mm（工件材料为 40Cr）。工件以底面，小头镶铜套孔和工艺凸台在件 14、2、1、13 上定位，由气压传动件 15、3 夹紧工件。采用动力装置夹紧，有较高劳动生产率。

| 件号 | 名称 | 件数 | 材料 | 备注 |
|---|---|---|---|---|
| 15 | 大头压板 | 1 | 45 | 35~40HRC |
| 14 | 大孔定位板 | 1 | 45 | 50~55HRC |
| 13 | 可调支承 | 1 | 45 | |
| 12 | 定位块 | 1 | 45 | |
| 11 | 大活塞 | 1 | 45 | |
| 10 | 液压缸（大） | 1 | HT200 | |
| 9 | 大活塞杆 | 1 | 45 | |
| 8 | 夹具体 | 1 | HT200 | |
| 7 | 液压缸（小） | 1 | HT200 | |
| 6 | 小活塞 | 1 | 45 | |
| 5 | 小活塞杆 | 1 | 45 | |
| 4 | 压板 | 1 | 45 | 35~40HRC |
| 3 | 压销 | 1 | 45 | |
| 2 | 小孔定位板 | 1 | 45 | 40~45HRC |
| 1 | 小孔定位套 | 1 | 45 | 40~45HRC |
| 件号 | 名称 | 件数 | 材料 | 备注 |

## 镗－2 连杆精镗大小孔夹具

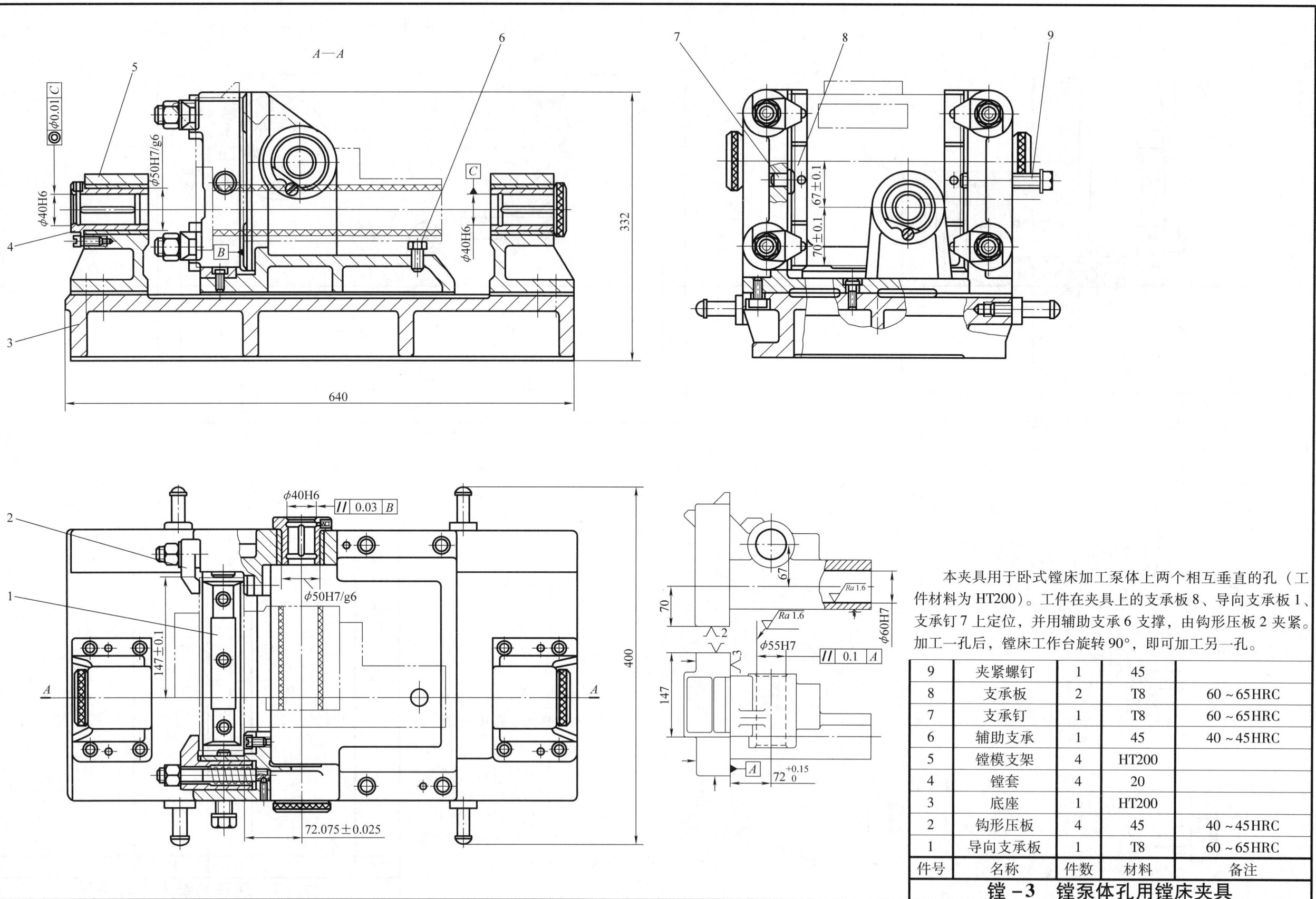

$A—A$

本夹具用于卧式镗床加工泵体上两个相互垂直的孔（工件材料为HT200）。工件在夹具上的支承板8、导向支承板1、支承钉7上定位，并用辅助支承6支撑，由钩形压板2夹紧。加工一孔后，镗床工作台旋转90°，即可加工另一孔。

| 件号 | 名称 | 件数 | 材料 | 备注 |
|---|---|---|---|---|
| 9 | 夹紧螺钉 | 1 | 45 | |
| 8 | 支承板 | 2 | T8 | 60~65HRC |
| 7 | 支承钉 | 1 | T8 | 60~65HRC |
| 6 | 辅助支承 | 1 | 45 | 40~45HRC |
| 5 | 镗模支架 | 4 | HT200 | |
| 4 | 镗套 | 4 | 20 | |
| 3 | 底座 | 1 | HT200 | |
| 2 | 钩形压板 | 4 | 45 | 40~45HRC |
| 1 | 导向支承板 | 1 | T8 | 60~65HRC |

**镗-3　镗泵体孔用镗床夹具**

46

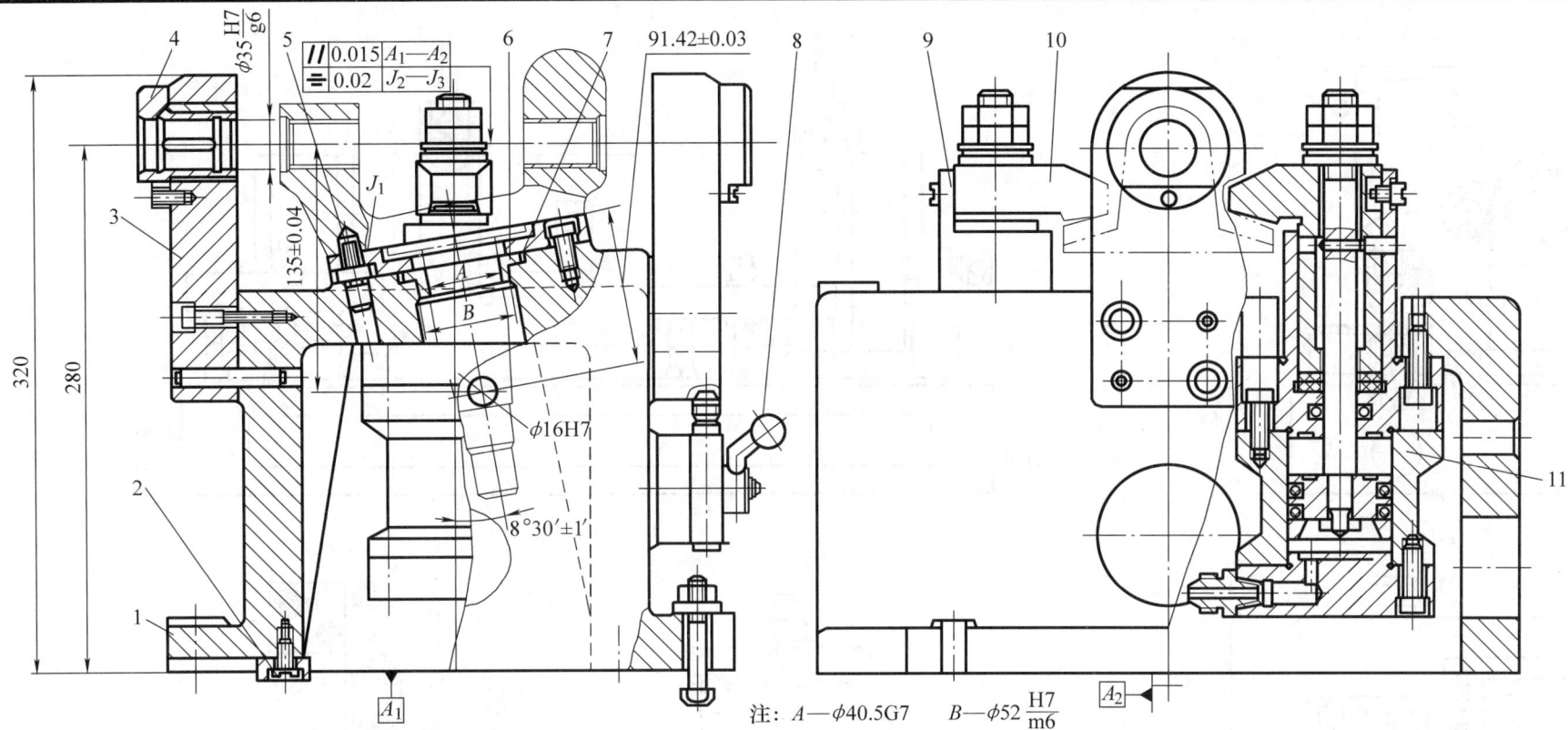

注：$A$—$\phi40.5G7$    $B$—$\phi52\frac{H7}{m6}$

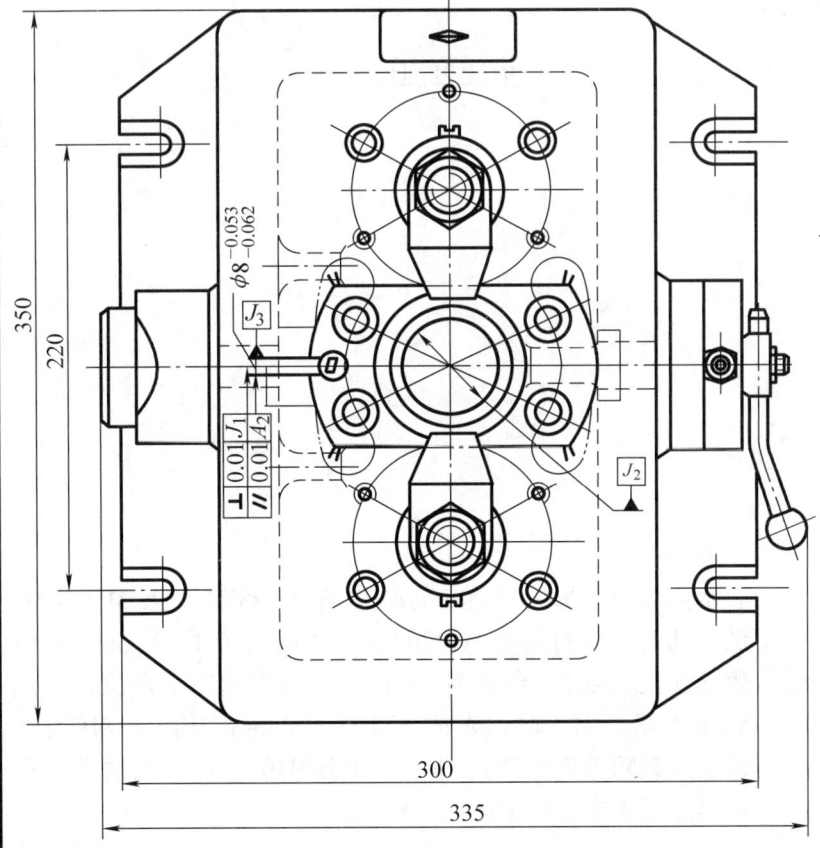

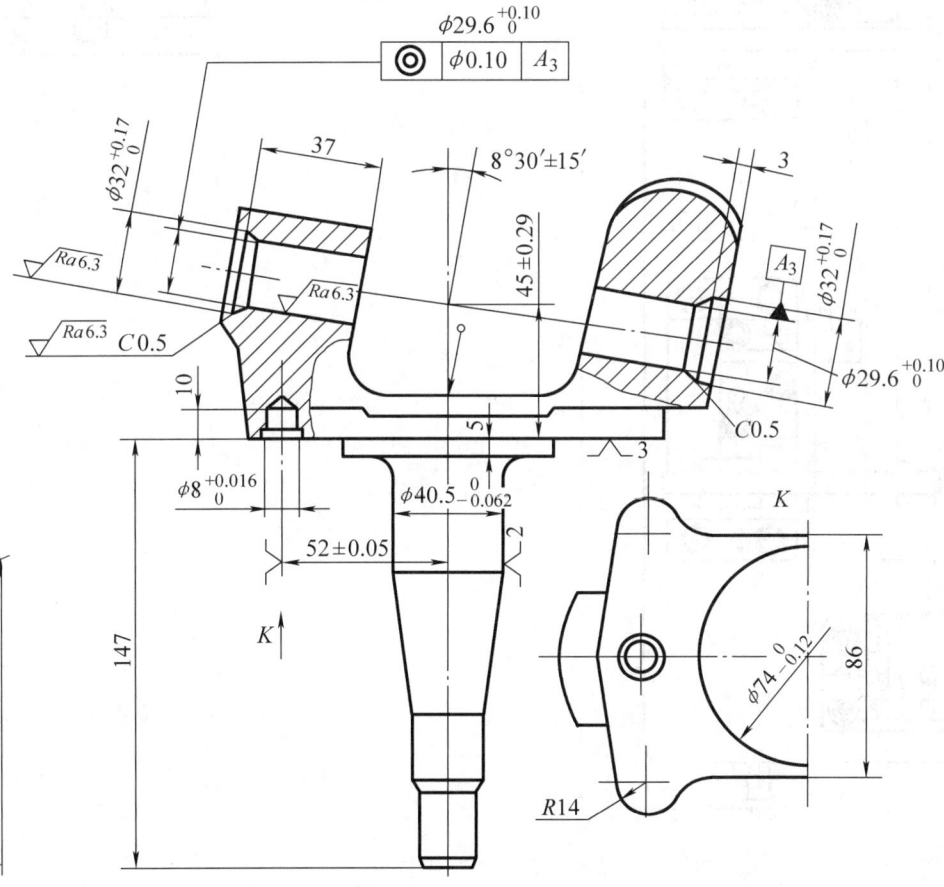

$\phi29.6^{+0.10}_{0}$

| ◎ | $\phi0.10$ | $A_3$ |

本夹具用于汽车万向节主销孔的粗镗。工件以端面、$\phi40.5^{0}_{-0.062}$mm 外圆、$\phi8^{+0.016}_{0}$mm 内孔为定位基准，在支承板 7、定位套筒 6 及菱形定位销 5 上定位。夹具采用双镗模支架结构，在双面专用镗床上加工主销孔、止口及倒角。在镗套及定位设计中，应用了工艺孔，并作相应计算。夹具采用液压夹紧装置，自动夹紧工件。

| 11 | 液压缸 | | | 成套 |
|----|--------|---|---|------|
| 10 | 转位压板 | 1 | 45 | 35~42HRC |
| 9 | 限位套 | 1 | 45 | 35~42HRC |
| 8 | 分配阀 | 1 | | 成套 |
| 7 | 支承板 | 1 | 20 | 渗碳淬火 60~64HRC |
| 6 | 定位套筒 | 1 | 20 | 渗碳淬火 60~64HRC |
| 5 | 菱形定位销 | 1 | T7A | 53~58HRC |
| 4 | 镗套 | 1 | 20 | 渗碳淬火 60~64HRC |
| 3 | 镗模板 | 1 | HT200 | |
| 2 | 定位键 | 2 | 45 | 43~48HRC |
| 1 | 夹具体 | 1 | HT200 | |
| 件号 | 名称 | 件数 | 材料 | 备注 |
| 镗-4    汽车万向节镗床夹具 | | | | |

$\phi 45H6$

$\boxed{\odot}\ \boxed{\phi 0.01}\ \boxed{C}$

$79 \pm 0.03$

$109 \pm 0.03$

$\boxed{/\!/}\ \boxed{0.01/300}\ \boxed{A}$

$\boxed{B}$

$69 \pm 0.03$

$384$

$\phi 25H7/n7$

$554$

$\boxed{A}$

$\boxed{G}$

$774$

$\boxed{/\!/}\ \boxed{0.01}\ \boxed{G}$

$\boxed{/\!/}\ \boxed{0.01}\ \boxed{A}\ \boxed{G}$

$\boxed{C}$

$A{-}A$

$B{-}B$

$\phi 34\ \dfrac{H7}{m6}$

$\phi 40\ \dfrac{H7}{n6}$

$\phi 28G6$

$\boxed{/\!/}\ \boxed{0.01}\ \boxed{A}$

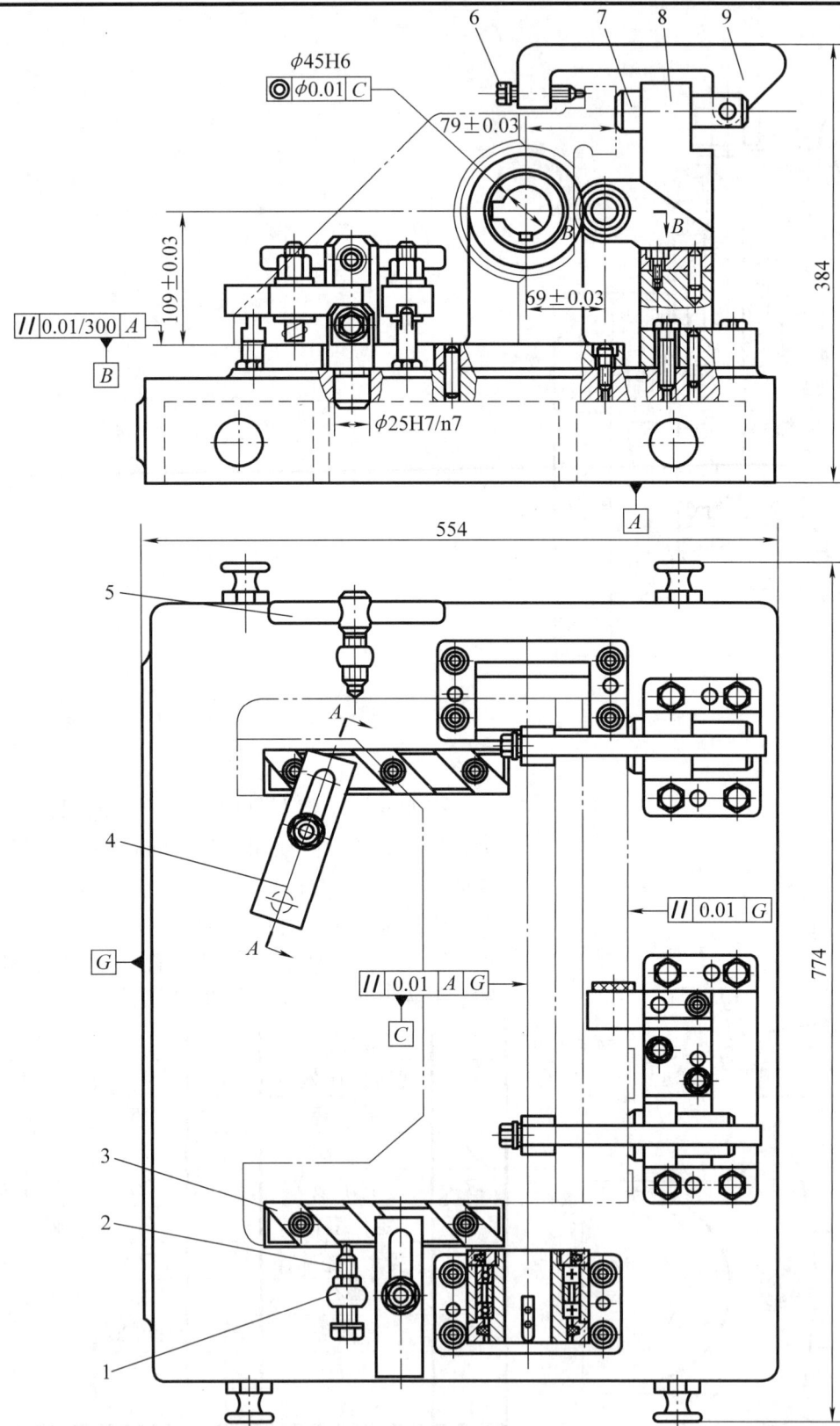

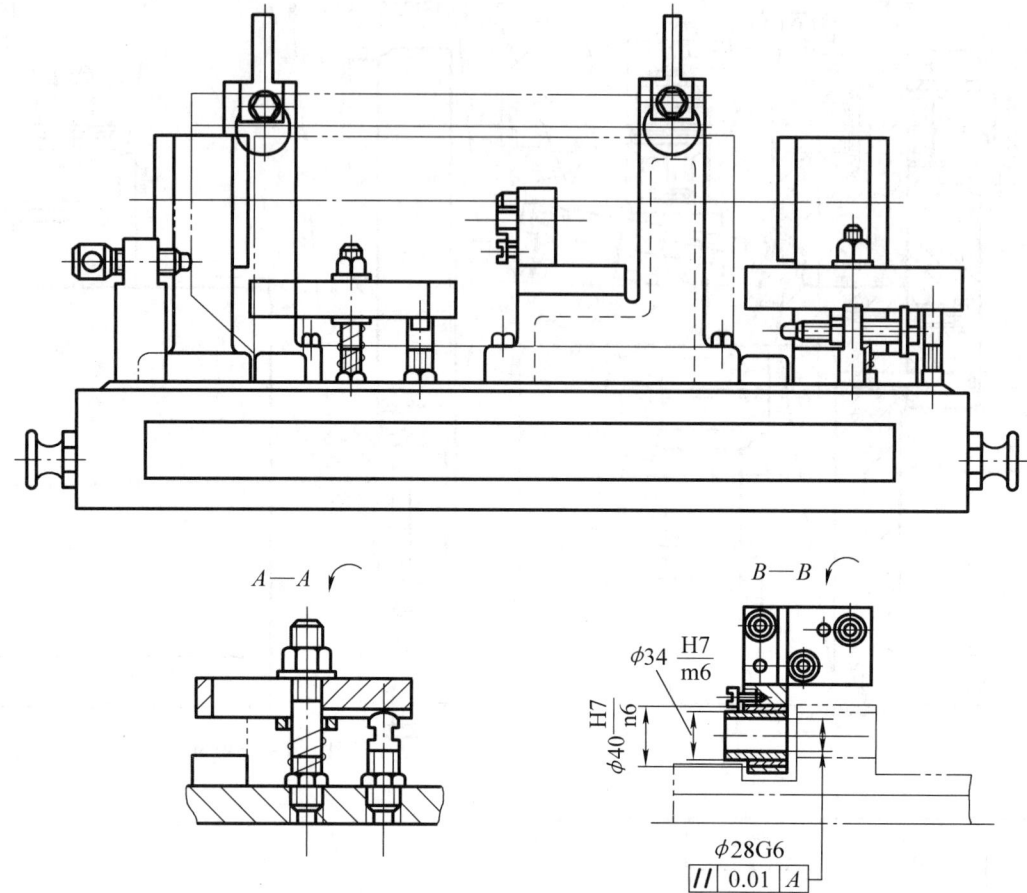

本夹具用于加工导轨的 $\phi 75H7$ 孔，$\phi 28H7$ 孔及 $M16-7H$ 的底孔（工件材料为 HT320）。工件以底面 $A$、导轨面 $D$ 和侧面在支承板 3、台阶圆柱销 7、可调支承 2 上定位，由件 5、6 夹紧。加工时，先镗 $\phi 75H7$ 孔，再扩、铰 $\phi 28H7$ 孔，最后夹具随工作台转过 $180°$，钻出 $M16-7H$ 螺纹底孔。本夹具适用于中小批生产。

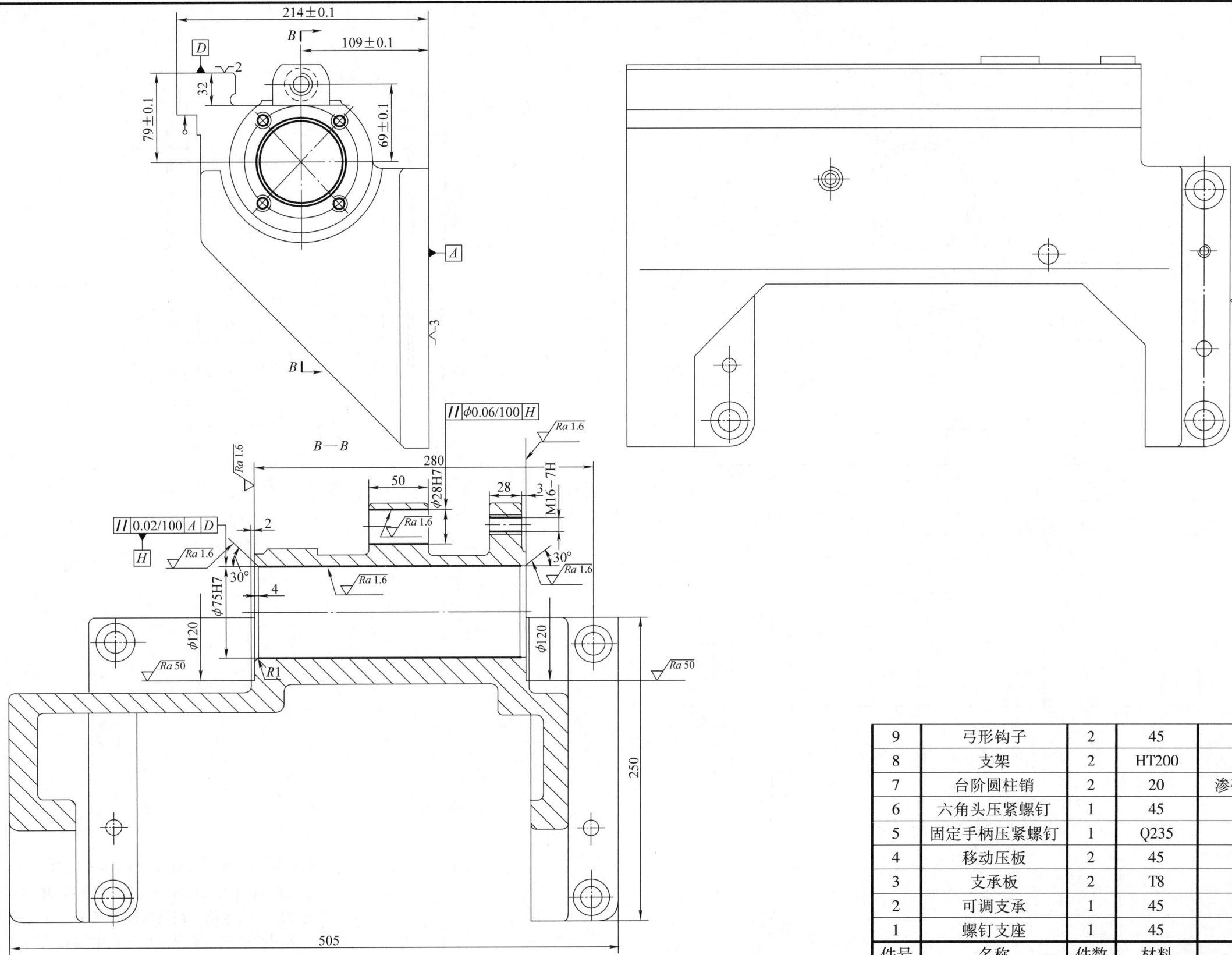

| 9 | 弓形钩子 | 2 | 45 | |
|---|---|---|---|---|
| 8 | 支架 | 2 | HT200 | |
| 7 | 台阶圆柱销 | 2 | 20 | 渗碳 55~60HRC |
| 6 | 六角头压紧螺钉 | 1 | 45 | 35~40HRC |
| 5 | 固定手柄压紧螺钉 | 1 | Q235 | |
| 4 | 移动压板 | 2 | 45 | 35~40HRC |
| 3 | 支承板 | 2 | T8 | 55~60HRC |
| 2 | 可调支承 | 1 | 45 | 35~40HRC |
| 1 | 螺钉支座 | 1 | 45 | 35~40HRC |
| 件号 | 名称 | 件数 | 材料 | 备注 |

镗 –5　镗副导轨孔用镗床夹具

$\boxed{// \phi 0.06 \mid B}$

$\phi 106^{+0.054}_{0}$

$\phi 106^{+0.054}_{0}$

$\sqrt{}$ Ra 1.6

$\boxed{// \mid 0.06 \mid A}$

$\sqrt{}$ Ra 1.6

$\phi 72^{+0.018}_{+0.012}$

$\phi 72^{+0.018}_{+0.012}$

$\boxed{B}$

$\boxed{A}$

$A$

150.5±0.08

$A—A$

(147.853)

123.7±0.13

(28.1)

$\sqrt{}$ 3

261.4±0.105

289.5±0.105

$\sqrt{}$ 2

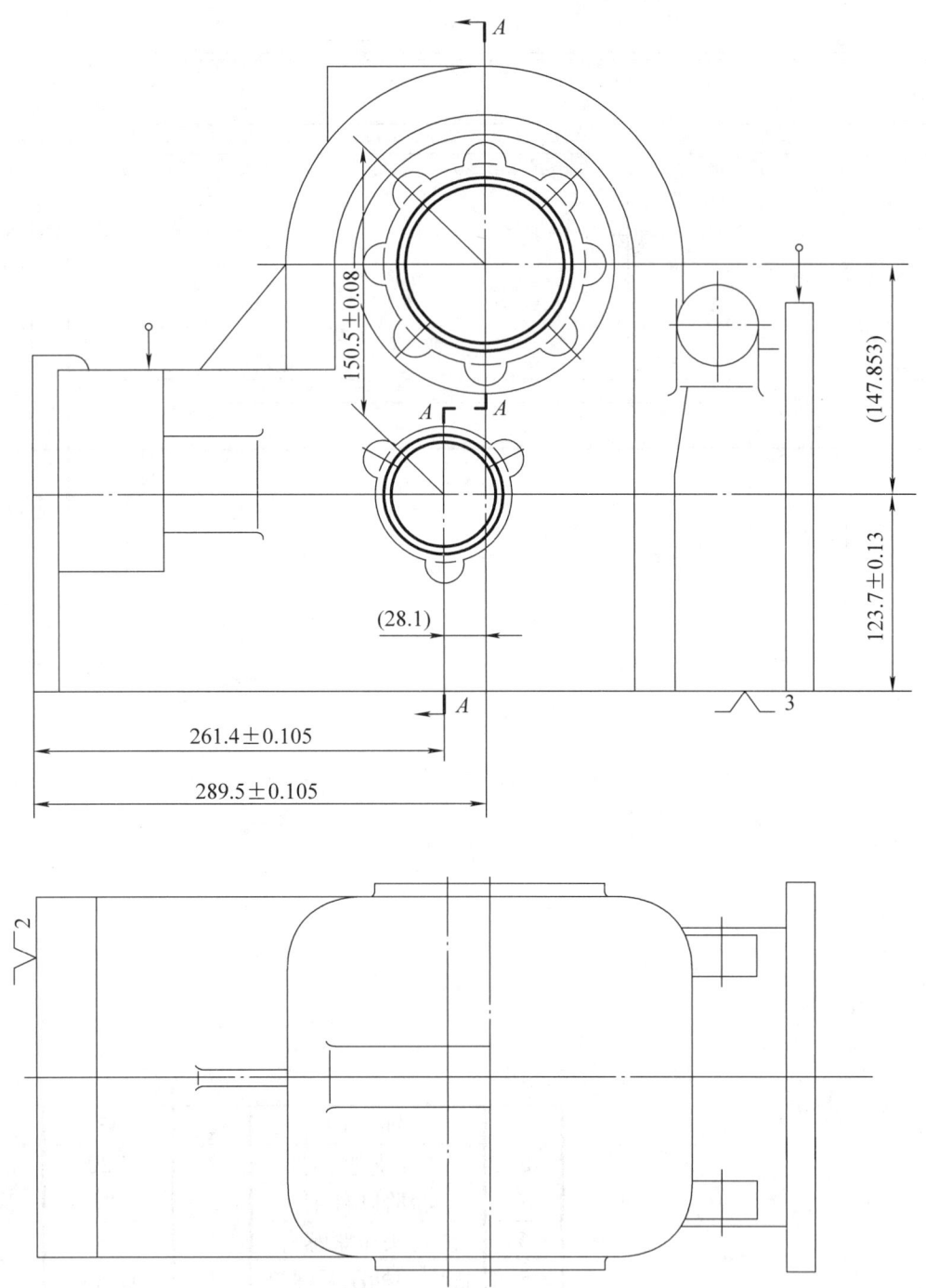

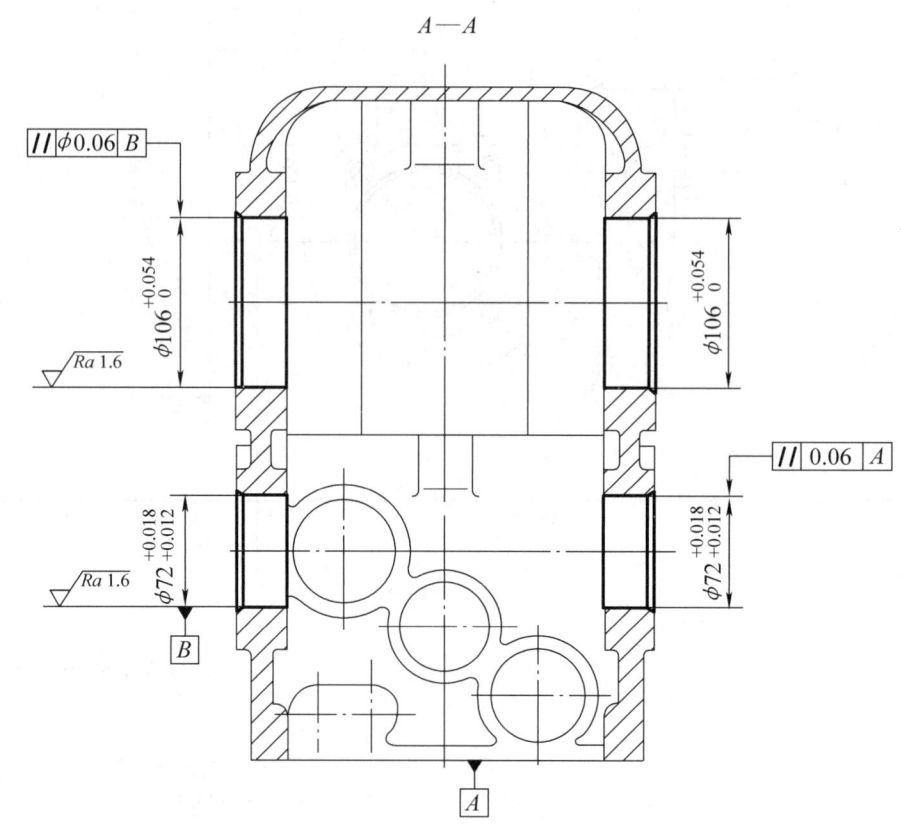

本夹具用于加工变速箱体的 $\phi 106^{+0.054}_{0}$ mm，$\phi 72^{+0.018}_{+0.012}$ mm 孔（工件材料为 HT200）。工件以底面和侧面在底座 3、导向定位块 2 上定位，用夹紧螺杆 7 和压板 1 夹紧。本夹具的特点是用镗床夹具来保证加工孔轴线的孔距和平行度公差。

P—P放大

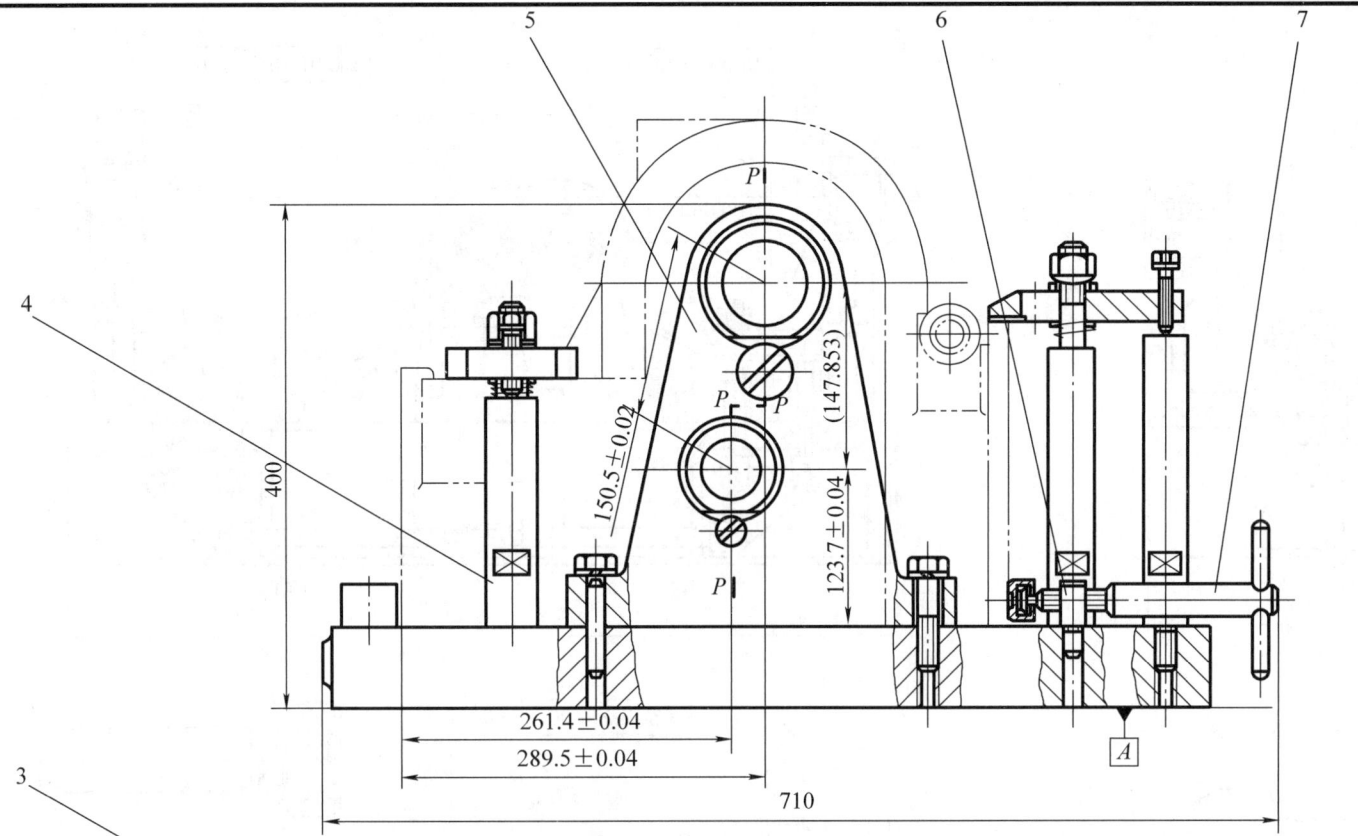

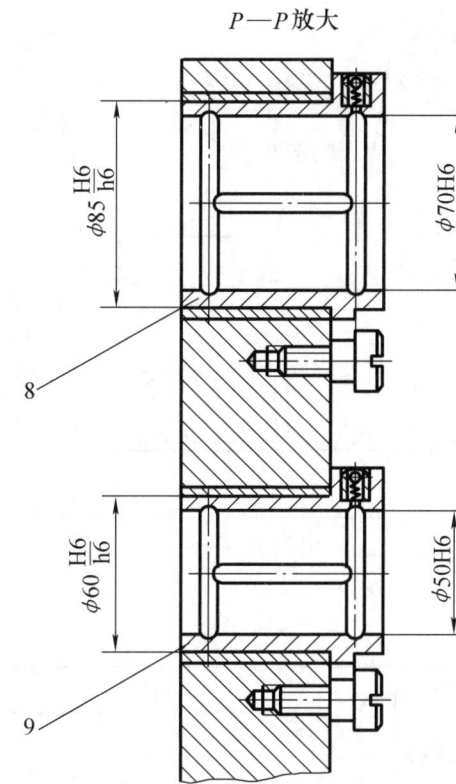

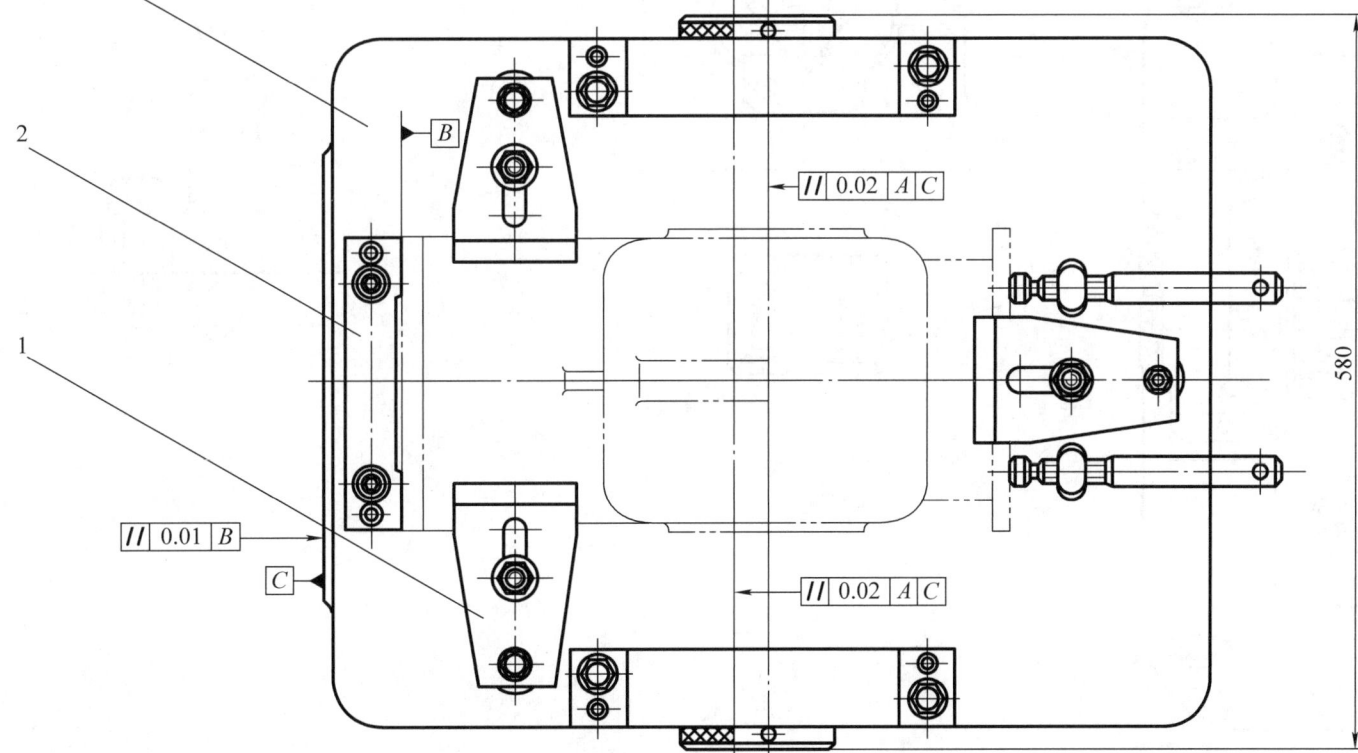

| 件号 | 名称 | 件数 | 材料 | 备注 |
|---|---|---|---|---|
| 9 | 镗套 | 2 | 20Cr | 渗碳 60~65HRC |
| 8 | 镗套 | 2 | 20Cr | 渗碳 60~65HRC |
| 7 | 夹紧螺杆 | 2 | 45 | |
| 6 | 螺钉座 | 2 | 45 | |
| 5 | 镗模支架 | 2 | HT200 | |
| 4 | 支承柱 | 2 | 45 | |
| 3 | 底座 | 1 | HT200 | |
| 2 | 导向定位块 | 1 | 20 | 渗碳 60~65HRC |
| 1 | 压板 | 3 | 45 | 40~45HRC |
| 件号 | 名称 | 件数 | 材料 | 备注 |

## 镗 -6  箱体镗床夹具

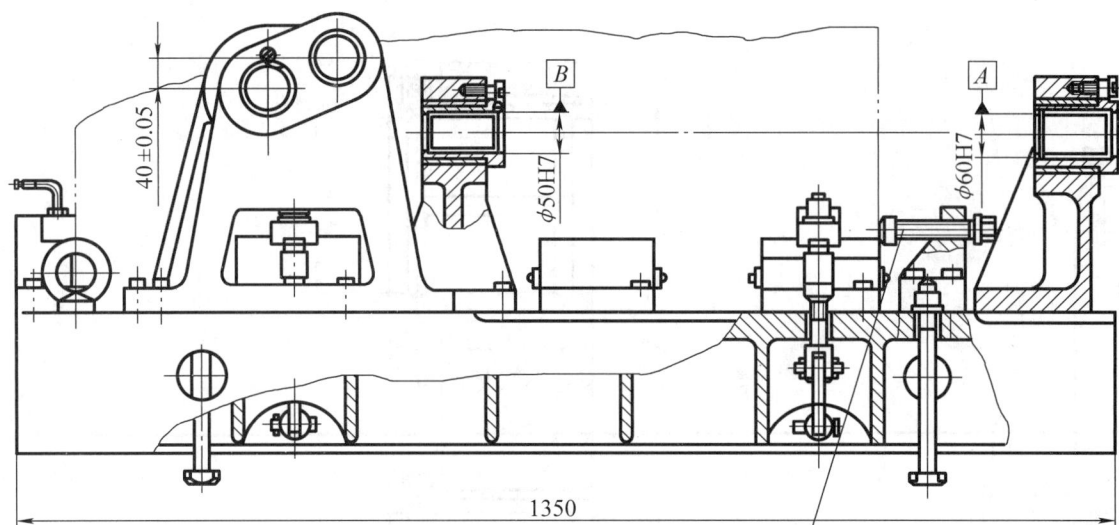

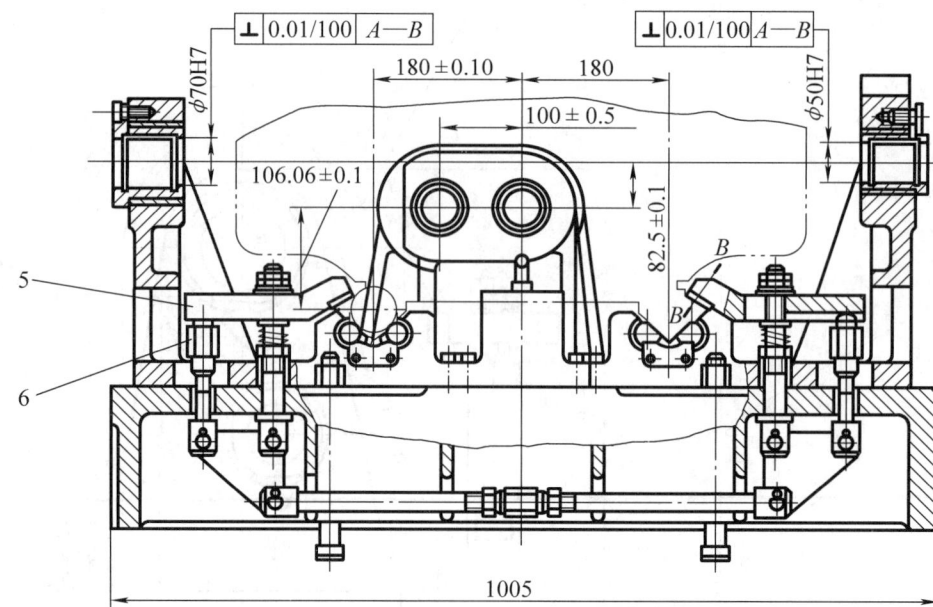

$\perp$ 0.01/100 $A-B$    $\perp$ 0.01/100 $A-B$

$\phi70H7$

$180\pm0.10$    $180$

$100\pm0.5$

$106.06\pm0.1$

$\phi50H7$

$82.5\pm0.1$

5

6

$B$

1005

$A$

$\phi48h6$

$\parallel$ 0.01/100 $A-B$

$90°$

7

$B-B$

8

$C-C$

$D-D$

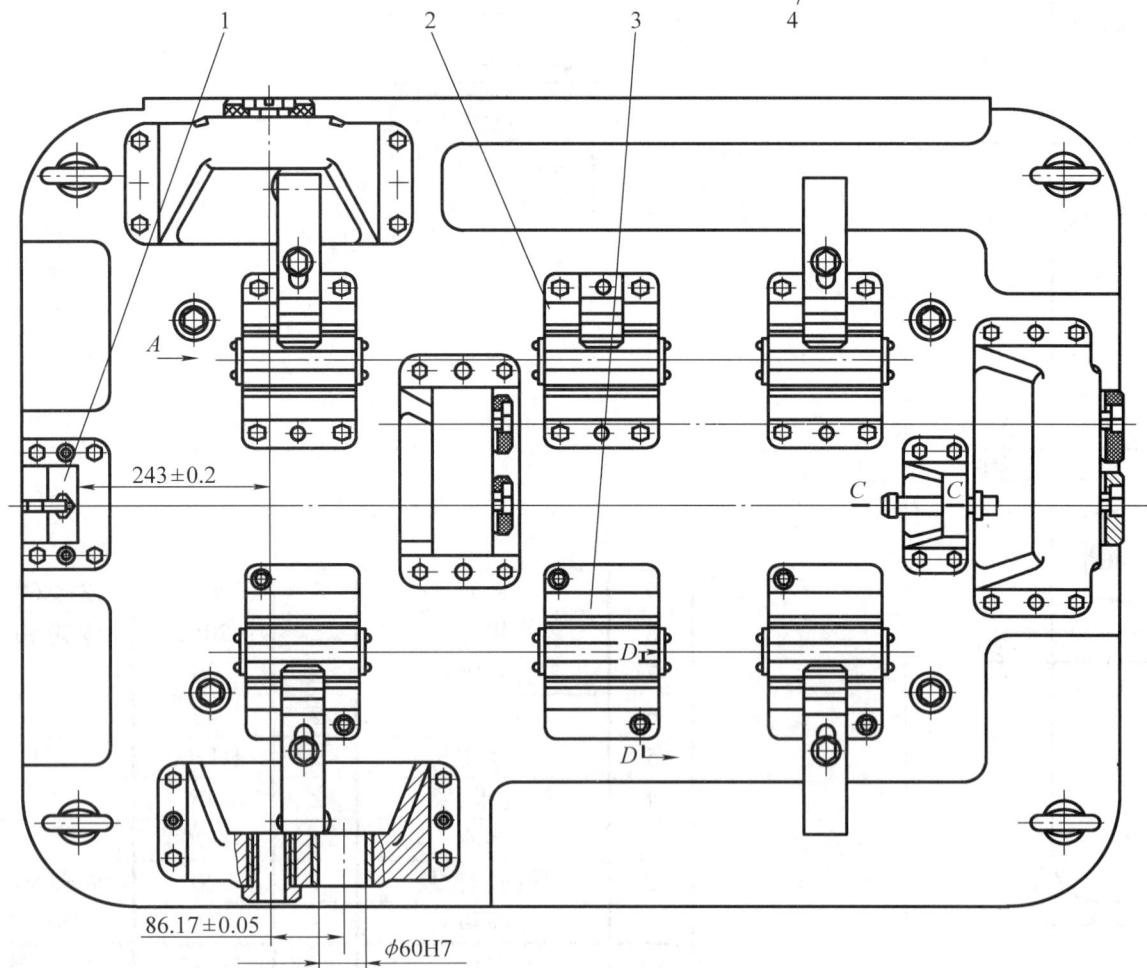

1    2    3    4

$A$

$40\pm0.05$

$\phi50H7$

$B$

$A$

$\phi60H7$

1350

$243\pm0.2$

$C$    $C$

$D$

$D$

$86.17\pm0.05$

$\phi60H7$

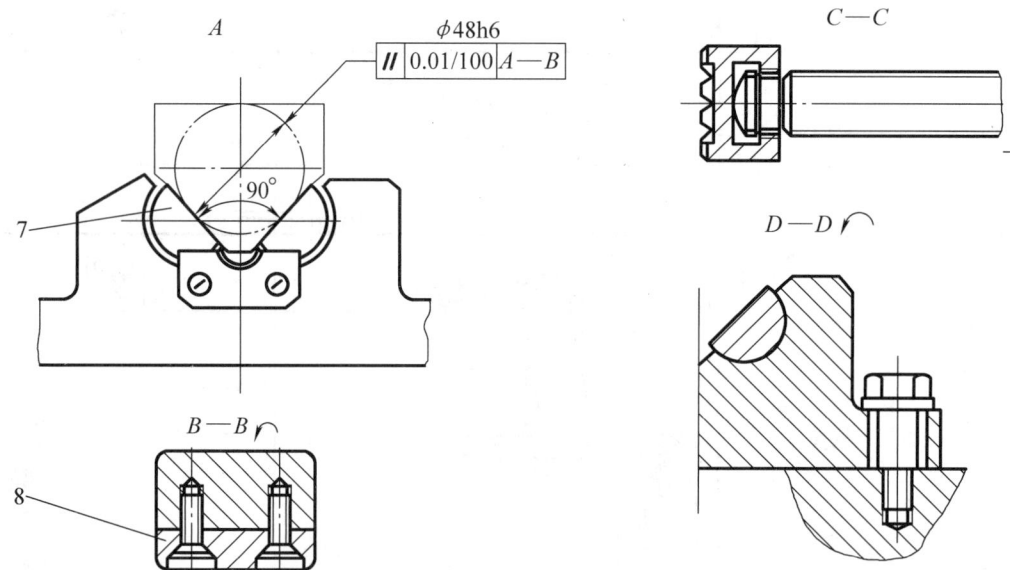

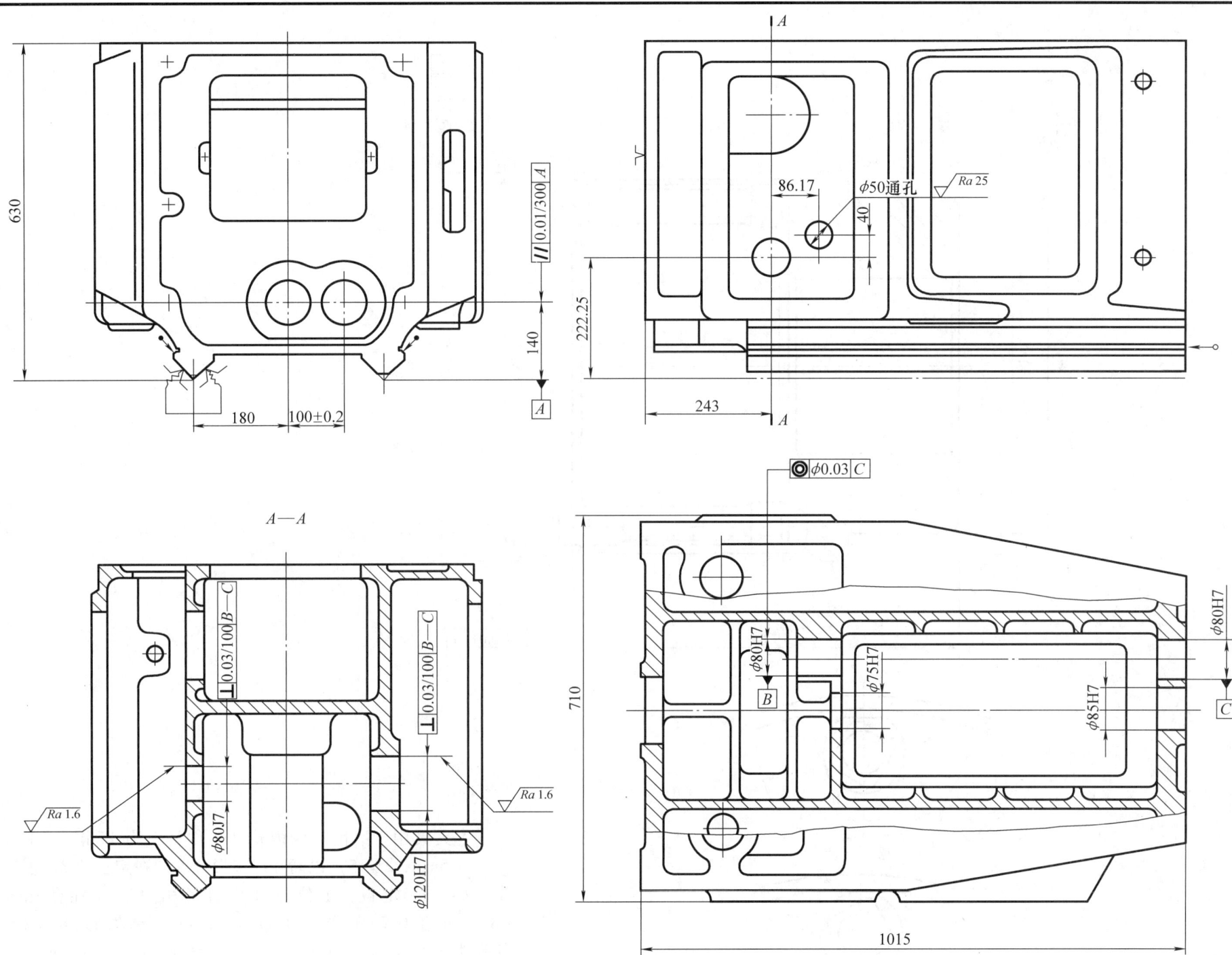

本夹具用于加工床身立柱上的两个成90°角的平行孔系和端面。工件以双V形导轨和端面为基准,分别在V形座上的半圆定位块和定位块上定位。设计时注意消除双V形导轨定位的过定位问题。工件导轨面不与V形座直接接触,而是与V形座中能自由摆动的半圆形定位块接触。另外,一排V形座做成浮动结构,这样就可补偿工件双导轨面的误差和夹具V形座的制造误差,消除过定位的影响,使工件导轨面与夹具V形面之间保持良好接触。夹具采用两副联动螺旋压板夹紧机构和一个螺栓夹紧工件,操作方便。

| 8 | 压块 | 4 | H80 | |
| 7 | 半圆定位块 | 12 | 45 | 40~45HRC |
| 6 | 螺母 | 2 | 45 | |
| 5 | 压板 | 4 | 45 | 40~45HRC |
| 4 | 螺栓 | 1 | 45 | |
| 3 | V形座 | 3 | HT200 | |
| 2 | V形座 | 3 | HT200 | |
| 1 | 定位块 | 1 | 45 | 40~45HRC |
| 件号 | 名称 | 件数 | 材料 | 备注 |

**镗-7  床身立柱镗床夹具**

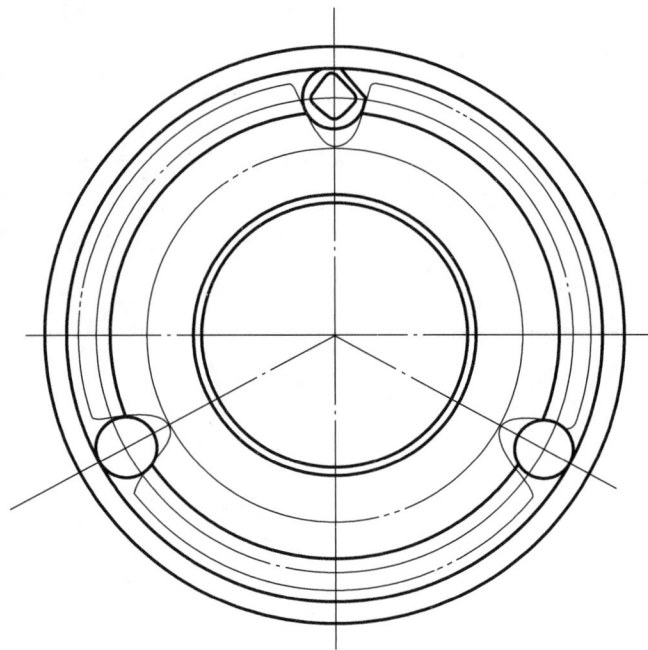

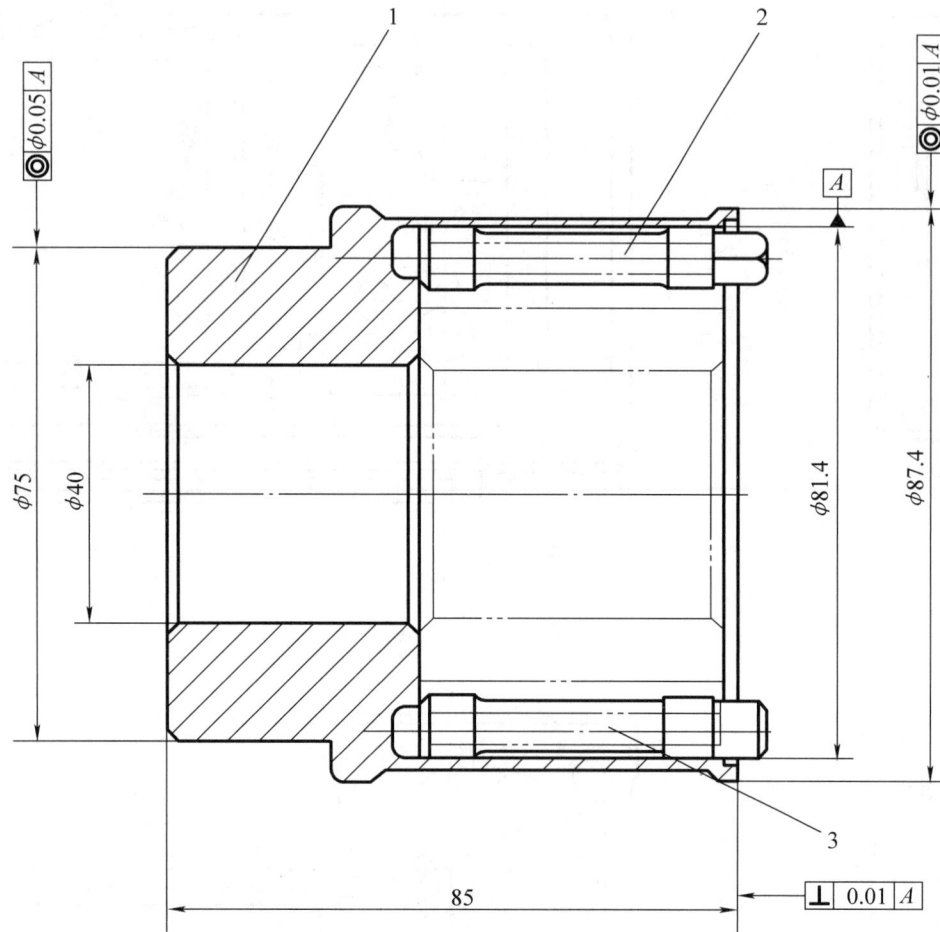

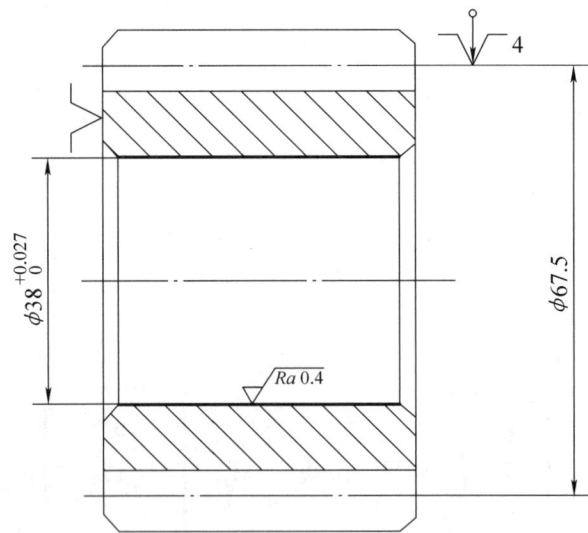

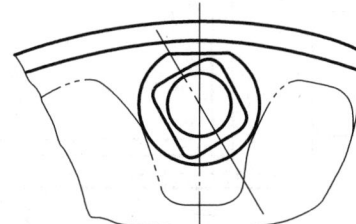

松开位置

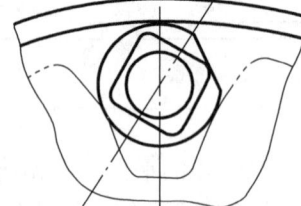

夹紧位置

本夹具用于磨削齿轮内孔（工件材料为45钢）。工件（$m=4.5$mm，$z=15$）以渐开线齿形分度圆在定位棒3、削边定位棒2上定位。定位棒计算直径相对于弹性套孔径$\phi 81.4$mm有$0.2 \sim 0.3$mm的过盈量，以便转动削边定位棒，使弹性套变形，定心夹紧工件。弹性套壁厚取$1.5 \sim 2$mm。本夹具结构简单，定位精度高。

| 3 | 定位棒 | 2 | 40Cr | 40~45HRC |
|---|---|---|---|---|
| 2 | 削边定位棒 | 1 | 40Cr | 40~45HRC |
| 1 | 弹性套 | 1 | 65Mn | 40~45HRC |
| 件号 | 名称 | 件数 | 材料 | 备注 |

**磨－1　弹性套定心夹紧磨床夹具**

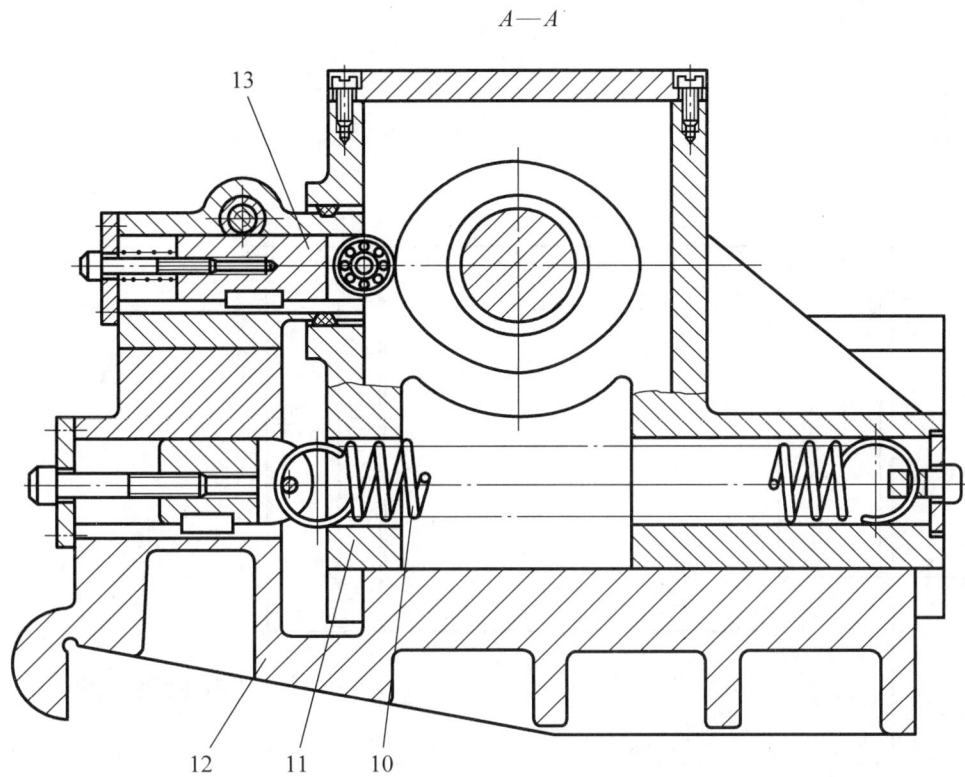

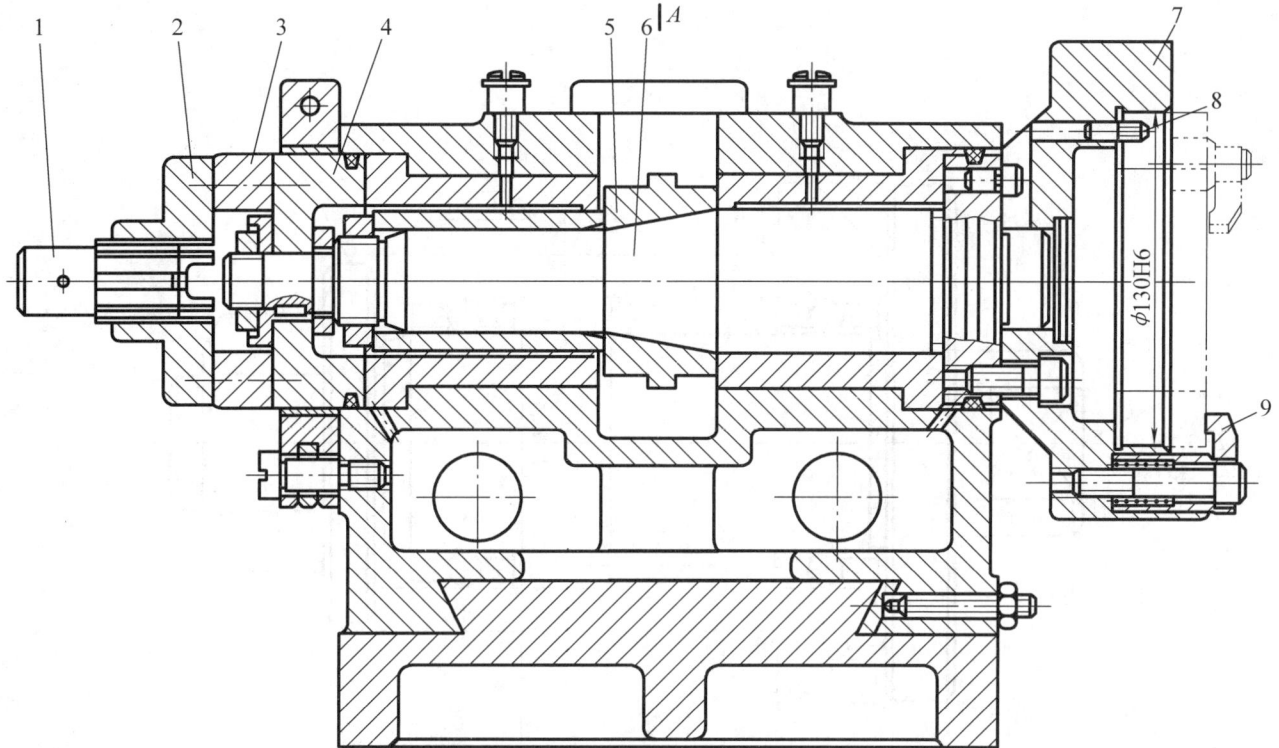

A—A

13

12 11 10

1 2 3 4 5 6 A

7

8

φ130H6

9

A

34°±2°

17°±1°

53°

R55±0.1

40°

20°

φ120

Ra 0.2

φ94 +0.3 0

φ86 +0.3 0

φ130h7

+0.08
30 +0.04

φ7H11

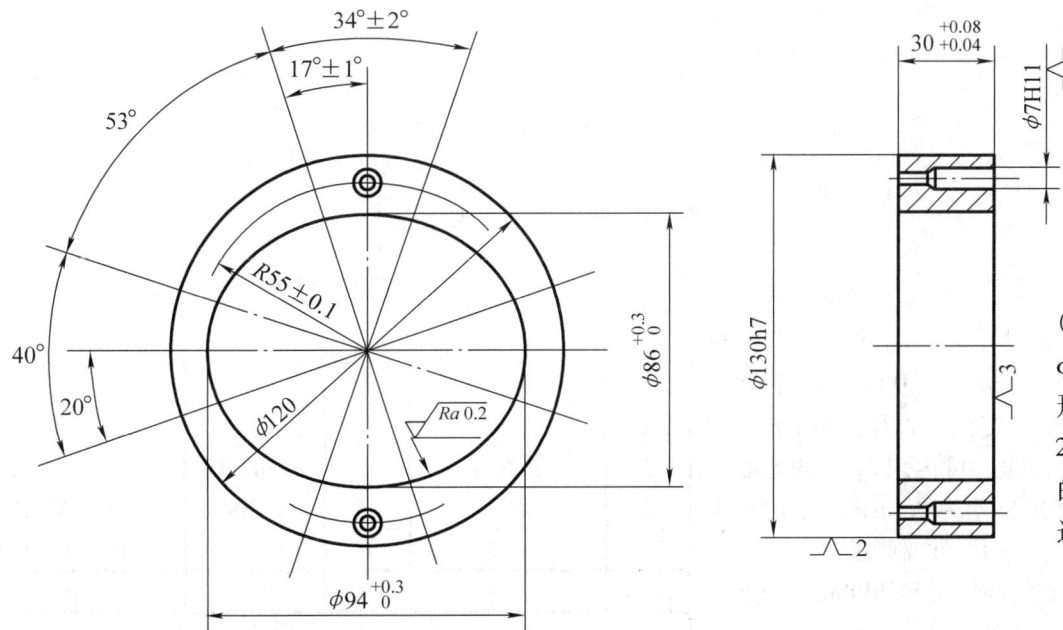

本夹具用于加工叶片泵腰形套的椭圆孔（工件材料为 40Cr）。工件以外圆、端面及 φ7H11 孔在圆盘 7、菱形定位销 8 上定位，由钩形压板 9 夹紧。花键轴 1 由磨床头架传动，经件 2、3、4、6 使靠模凸轮 5 转动，同时在支承 13 的作用下，使滑座 11 移动，由圆周运动和径向运动合成所需曲线型面。

| 13 | 支承 | 1 | 45 | 35～40HRC |
|---|---|---|---|---|
| 12 | 底座 | 1 | HT200 | |
| 11 | 滑座 | 1 | HT200 | |
| 10 | 弹簧 | 1 | 弹簧钢丝 | |
| 9 | 钩形压板 | 3 | 45 | 40～45HRC |
| 8 | 菱形定位销 | 1 | 40Cr | 50～55HRC |
| 7 | 圆盘 | 1 | 45 | 40～45HRC |
| 6 | 主轴 | 1 | 40Cr | 50～55HRC |
| 5 | 靠模凸轮 | 1 | 40Cr | 50～55HRC |
| 4 | 转盘 | 1 | 40 | 30～35HRC |
| 3 | 转盘 | 1 | 40 | 30～35HRC |
| 2 | 联轴器 | 1 | 40 | 40～45HRC |
| 1 | 花键轴 | 1 | 40 | 40～45HRC |
| 件号 | 名称 | 件数 | 材料 | 备注 |

磨－2　靠模磨床夹具

2×B 3.15/10
GB/T 4459.5

B—B 放大

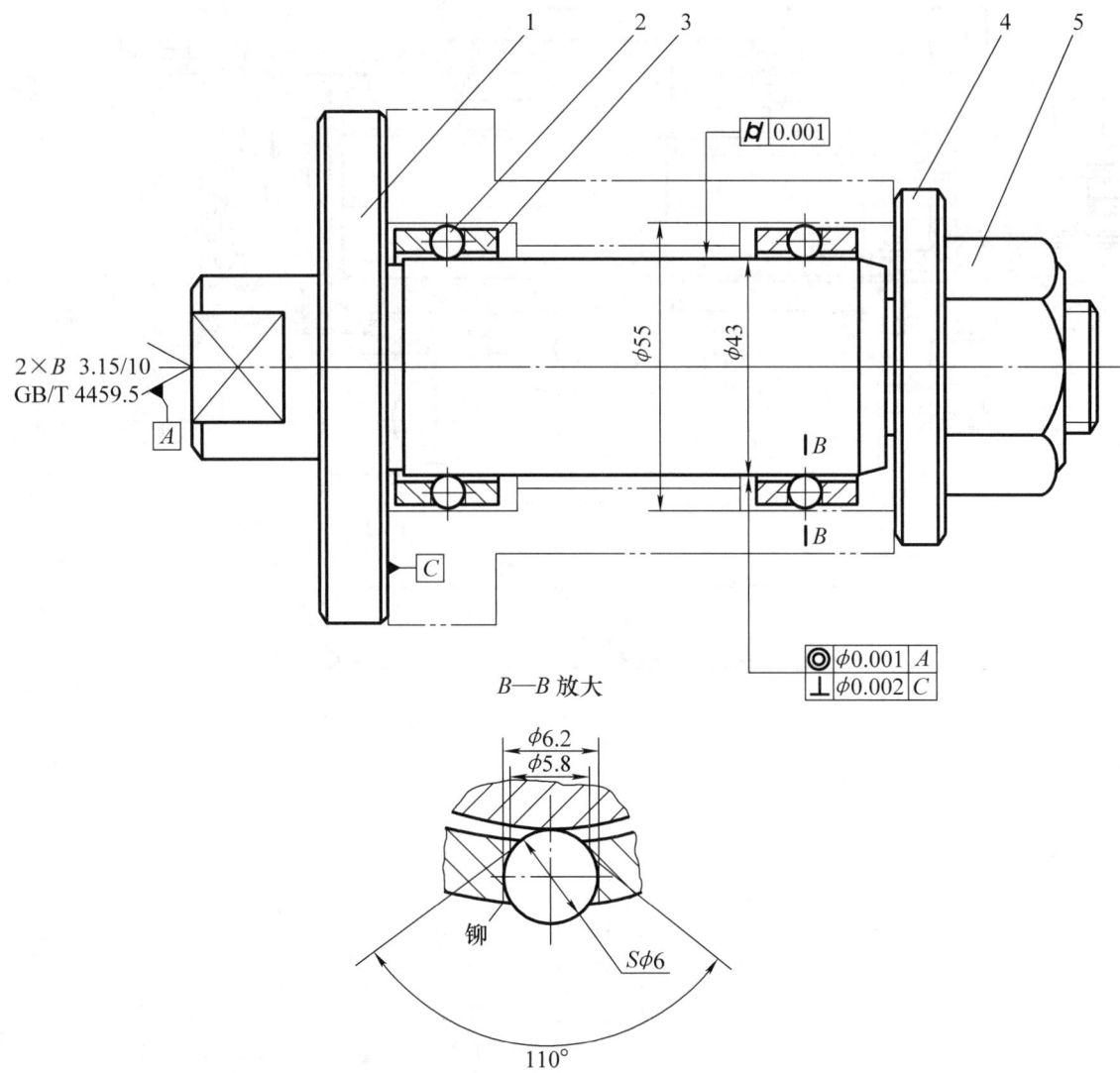

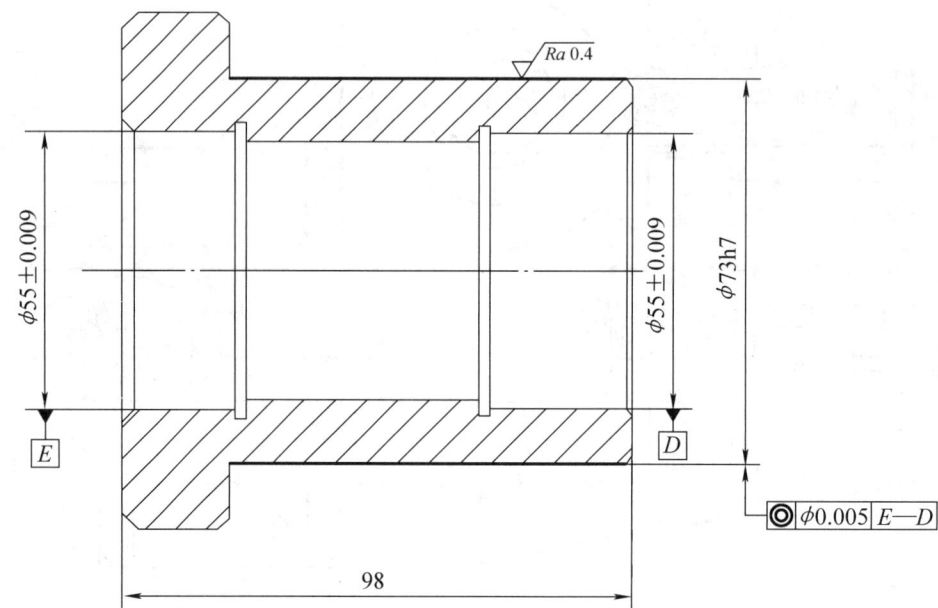

本夹具用于加工轴承套筒的外圆（工件材料为45钢）。工件以（φ55±0.009）mm孔在密珠心轴上定位，心轴的定位圆直径 φ55mm 相对工件孔有2μm 的过盈量，可达到3μm 的定心精度。24颗钢球的直径公差为0.8μm。在批量生产中，密珠的定位尺寸制成三组，如φ55.006mm，φ55.003mm，φ54.998mm，以便选用，保持适当的过盈量。

| 件号 | 名称 | 件数 | 材料 | 备注 |
|---|---|---|---|---|
| 5 | 螺母 | 1 | 35 | |
| 4 | 垫圈 | 1 | 35 | |
| 3 | 隔离环 | 2 | ZCuZn38 | |
| 2 | 钢球 | 24 | GCr9 | 60~65HRC |
| 1 | 心轴 | 1 | GCr9 | 60~65HRC |

磨—3 密珠心轴

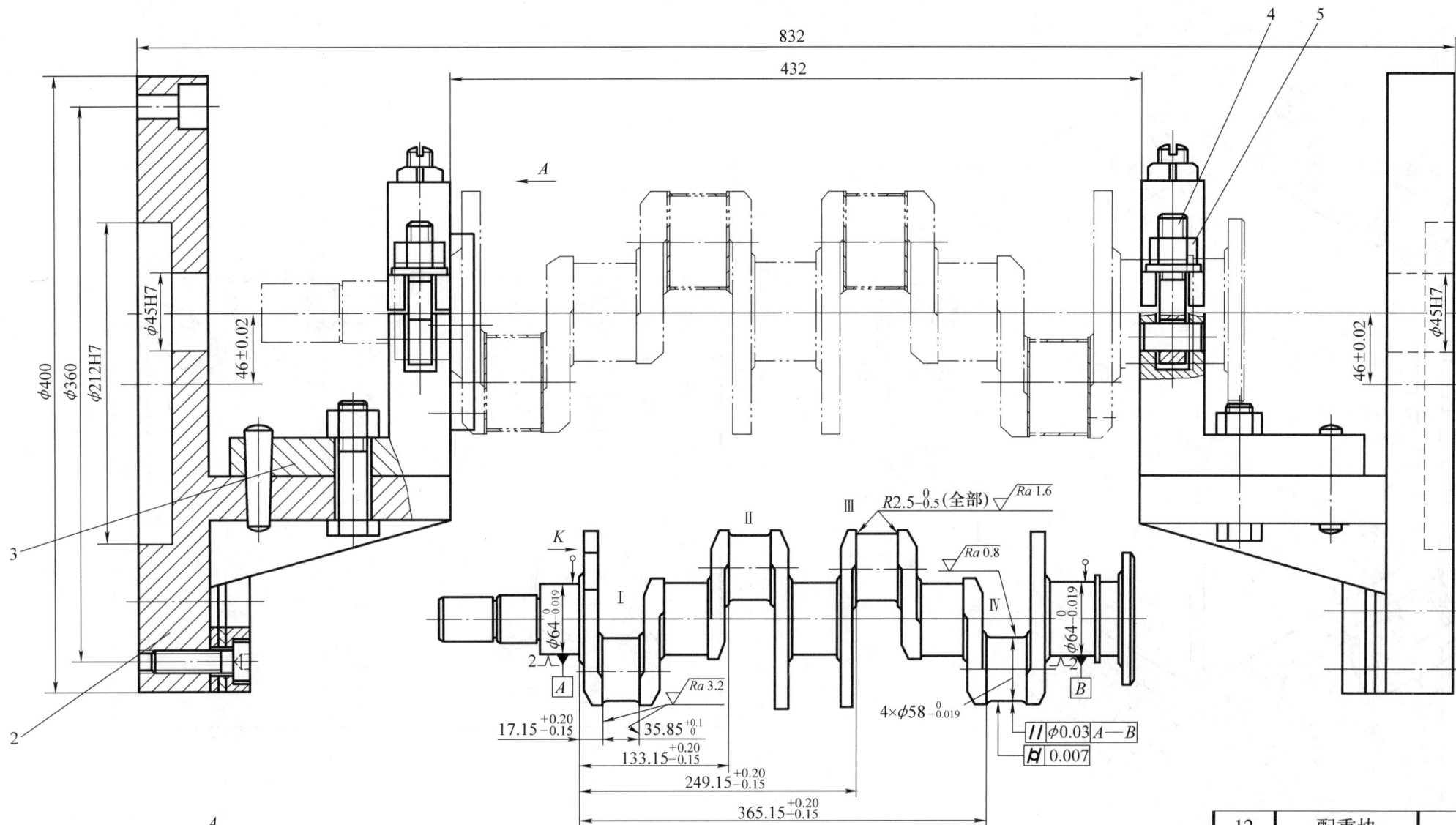

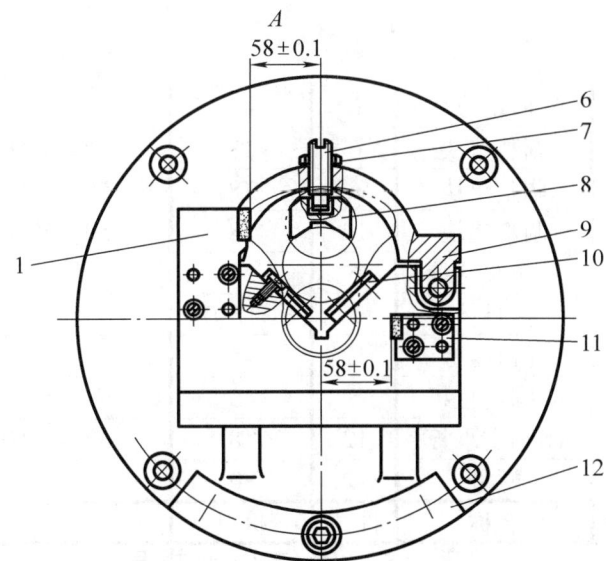

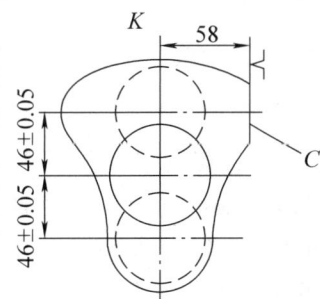

本夹具用于 M8230 磨床，半精磨发动机曲轴的连杆轴颈（工件材料为 QT700 - 2）。

工件通过两 V 形架 3 上的支承板 10 作为主定位支承，由防转块 1 或 11 作为防转支承进行定位。通过拧紧带肩螺母 5，经 U 形压板 9 带动摆动压块 8 夹紧工件。

磨削完 I、IV 连杆轴颈后，松开工件，使其转 180°，当工件的工艺定位面 C 与另一防转块 11 接触后，将工件夹紧，即可磨削 II、III 连杆轴颈。

| 12 | 配重块 |  | HT200 |  |
|----|--------|-----|-------|-----------|
| 11 | 防转块 | 1 | Q235 |  |
| 10 | 支承板 | 4 | T10 | 50～55HRC |
| 9 | U 形压板 | 2 | 45 | 40～45HRC |
| 8 | 摆动压块 | 2 | 45 | 40～45HRC |
| 7 | 螺母 | 2 | 45 |  |
| 6 | 压紧螺钉 | 2 | 45 |  |
| 5 | 带肩螺母 | 2 | 45 |  |
| 4 | 螺栓 | 2 | 45 |  |
| 3 | V 形架 | 2 | HT200 |  |
| 2 | 过渡盘 | 2 | HT200 |  |
| 1 | 防转块 | 1 | Q235 |  |
| 件号 | 名称 | 件数 | 材料 | 备注 |

**磨－4　曲轴连杆轴颈磨床夹具**

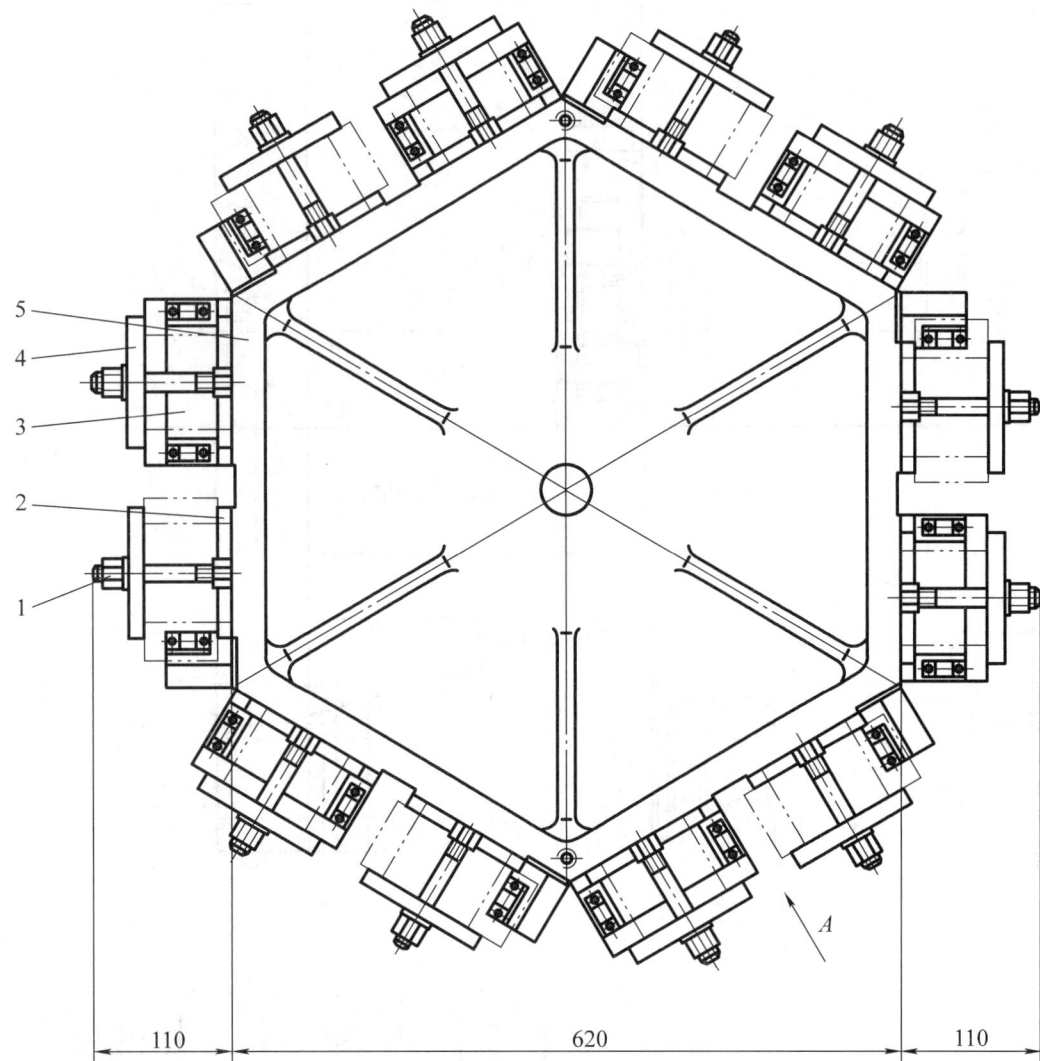

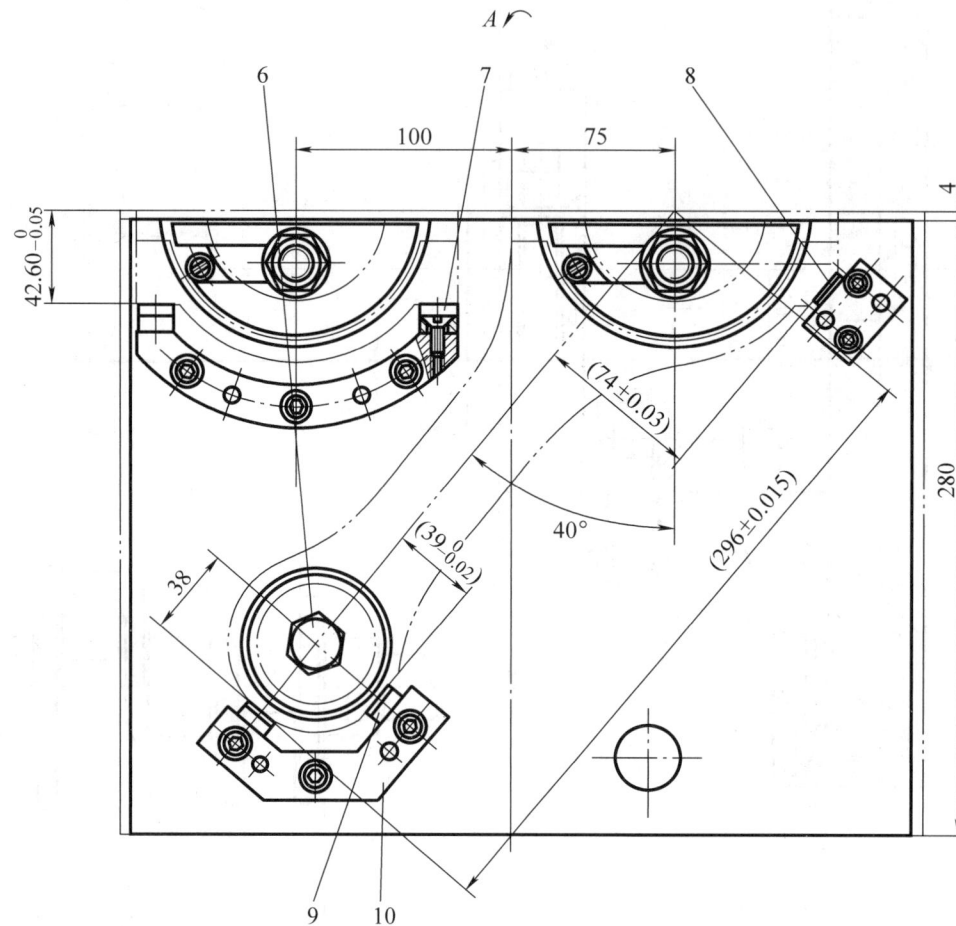

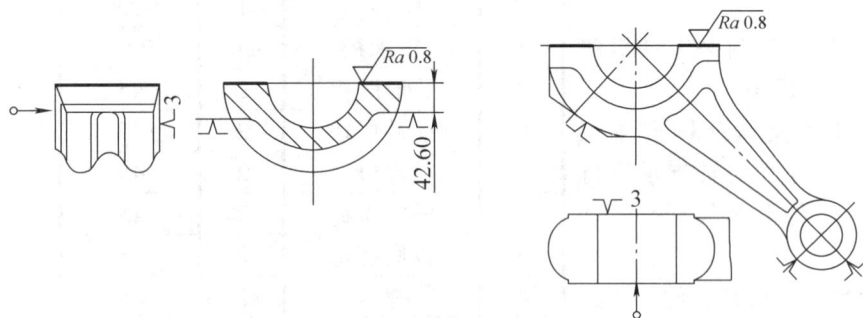

本夹具用于磨削连杆体、盖的接合面（工件材料为40Cr）。工件主要以端面和凸台面分别在半圆支承板2、调整垫块7、8、9上定位，用螺母1、六角头螺栓6夹紧。夹具用连杆标准样板调整，在六个不同部位等高误差不大于0.03mm。本夹具为多件多工位夹具，用于大批量生产中。

| 件号 | 名称 | 件数 | 材料 | 备注 |
|------|------|------|------|------|
| 10 | V形定位块 | 6 | 45 | |
| 9 | 调整垫块 | 6 | T8 | 50～55HRC |
| 8 | 调整垫块 | 6 | T8 | 50～55HRC |
| 7 | 调整垫块 | 12 | T8 | 50～55HRC |
| 6 | 六角头螺栓 | 6 | 30 | |
| 5 | 夹具体 | 1 | HT200 | |
| 4 | 开口压板 | 12 | 45 | |
| 3 | 半圆定位板 | 6 | 45 | |
| 2 | 半圆支承板 | 12 | T8 | 50～55HRC |
| 1 | 螺母 | 12 | 30 | |

磨－5　磨接合面夹具

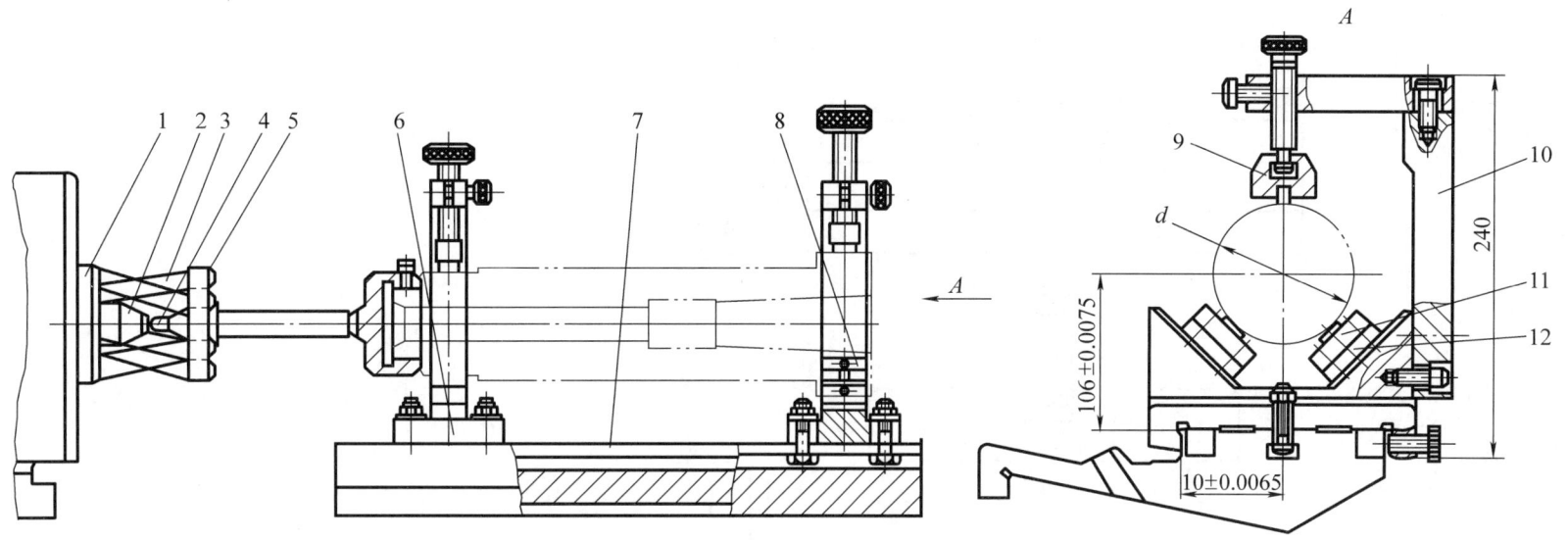

注：$d=\phi25\sim\phi130$mm

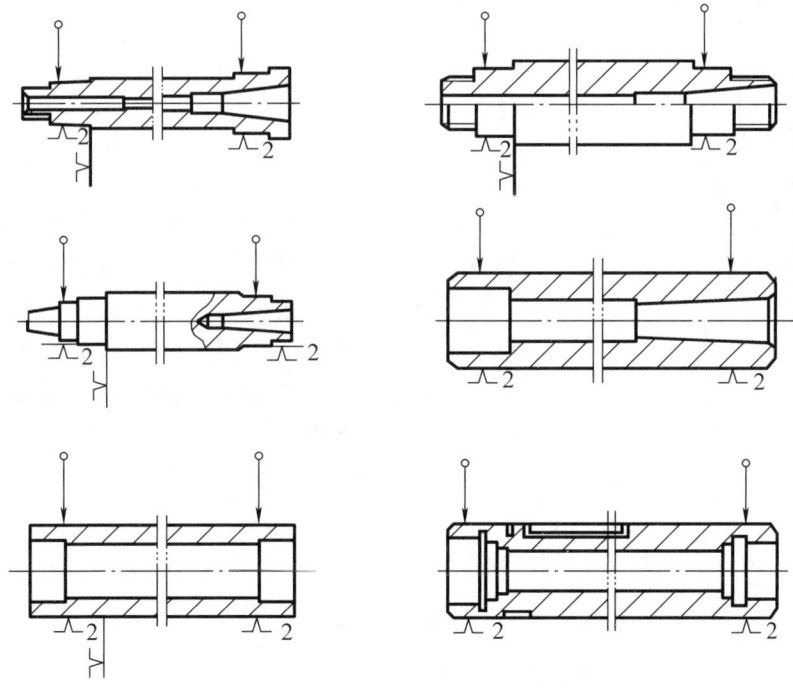

本夹具用于精密磨削主轴和主轴套筒的内孔。工件主要以外圆为定位基准，在V形块上定位。更换垫片，可满足工件外圆尺寸 $\phi25\sim\phi130$mm 的定位。垫片可按所加工的工件尺寸预先制造，配套。工件轴向定位由平头硬质合金顶尖和球面支承控制。两个V形块可按工件的长度，在夹具体导轨上移位调整。工件用弦线传动。在传动盘上钻有 $32\times\phi3$mm 的孔，用尼龙绳与拨盘连接，从而可消除传动惯性力对加工精度的影响，工件径向圆跳动公差可达到 0.001mm 以内。如果不用弦线传动，则加工精度为 0.003mm，可见弦线传动的特性。本夹具采用低成本设计，适合磨床主轴和主轴套筒零件族的成组加工。可获得高加工的精度和良好的经济效益。

| 件号 | 名称 | 件数 | 材料 | 备注 |
|---|---|---|---|---|
| 12 | 垫片 | 4 | 45 | 40～45HRC |
| 11 | 硬质合金垫块 | 4 | 45 | 镶硬质合金 |
| 10 | 立柱 | 2 | 45 | |
| 9 | 压块 | 2 | 45 | |
| 8 | V形块 | 1 | 45 | 40～45HRC |
| 7 | 夹具体 | 1 | HT200 | |
| 6 | V形块 | 1 | 45 | 40～45HRC |
| 5 | 传动盘 | 1 | 45 | 40～45HRC |
| 4 | 球面支承 | 1 | 45 | 40～45HRC |
| 3 | 尼龙绳 | | | |
| 2 | 硬质合金顶尖 | 1 | 40Cr | 镶硬质合金 |
| 1 | 磨床头架拨盘 | 1 | 45 | |
| 件号 | 名称 | 件数 | 材料 | 备注 |

**磨－6　V形成组夹具**

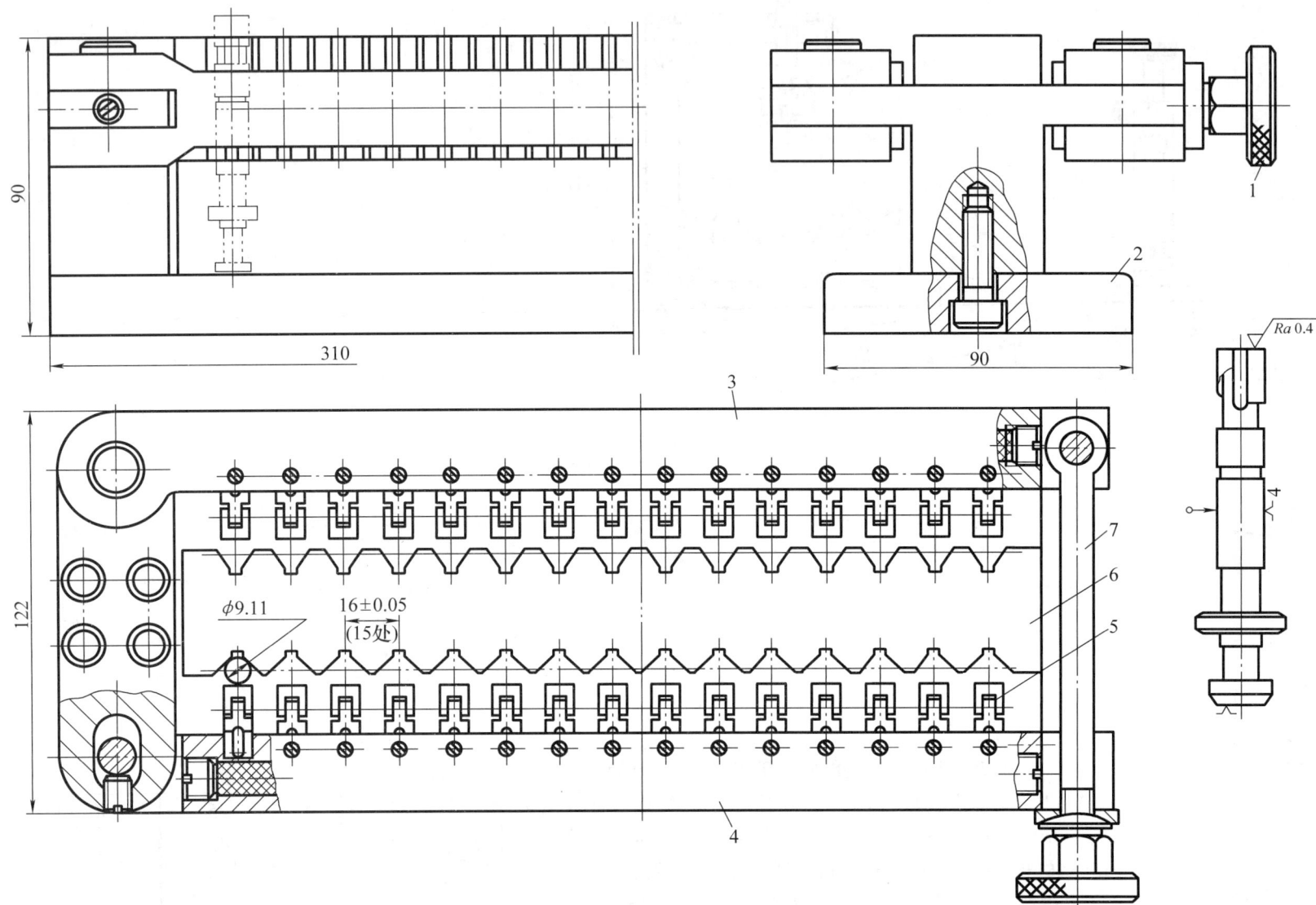

本夹具是用于加工柱塞端面的平面磨床夹具。工件以外圆及轴端为基准在 V 形块及底板上定位。采用复合式多件联动夹紧机构，其浮动环节能满足夹紧力均匀传至各夹紧点的要求，同时可夹紧多个工件。夹具可放在电磁吸盘上使用。特点是夹具结构简单，使用方便，生产率高。

| 7 | 螺栓 | 1 | 45 | |
| 6 | 多 V 形槽定位块 | 1 | 45 | 40~45HRC |
| 5 | 压块 | 32 | 45 | |
| 4 | 铰链压板 | 1 | 45 | |
| 3 | 铰链压板 | 1 | 45 | |
| 2 | 夹具体 | 1 | HT200 | |
| 1 | 螺母 | 1 | 35 | |
| 件号 | 名称 | 件数 | 材料 | 备注 |

**磨－7　平面磨床夹具**

$A—A$

$\boxed{\odot\ \phi 0.01\ \boxed{A}}$

$\phi 260$

$\phi 139.719$

$\frac{H7}{h6}$

$\phi 130$

$A$

$210$

$\boxed{\angle\ 0.01\ A}$

$B—B$

$C—C$

$\sqrt{6}$

$53^{\ 0}_{-0.4}$

$68°40'$

$72°21'$

$\phi 308^{\ 0}_{-0.34}$

$\phi 75^{+0.03}_{\ 0}$

$\sqrt{Ra\ 0.4}$

$74°13'$

$44$

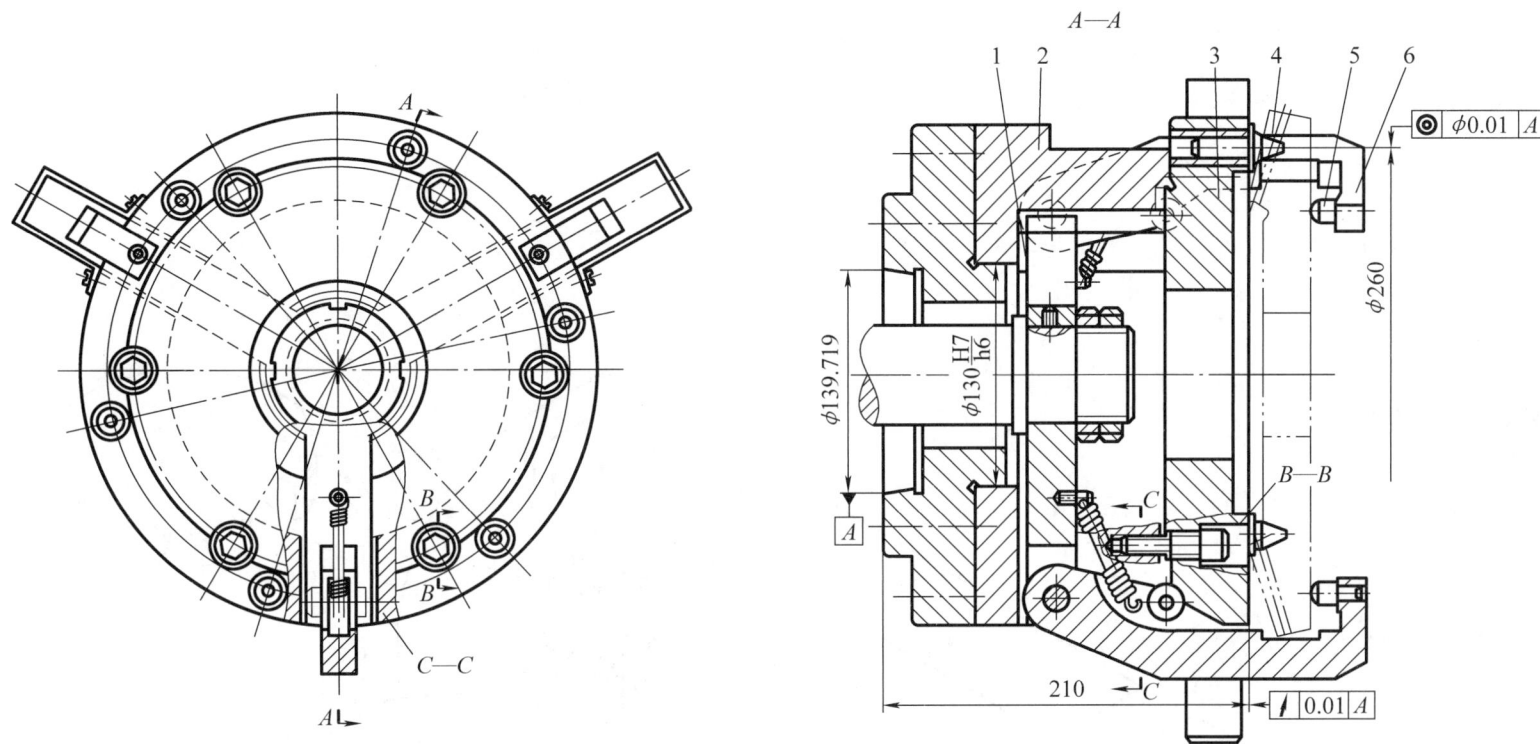

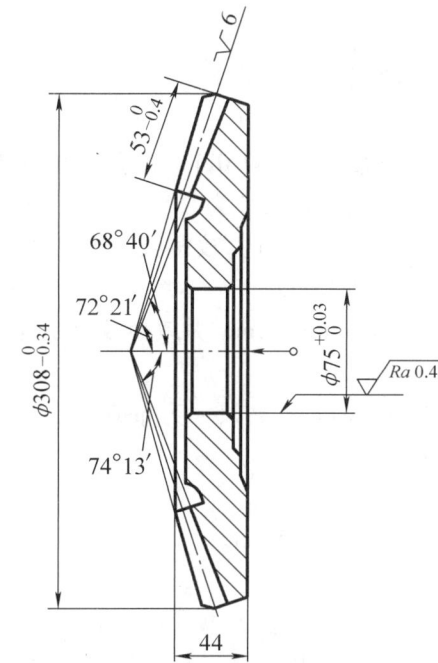

本夹具用于加工螺旋锥齿轮的 $\phi 75^{+0.03}_{0}$ mm 内孔。
工件以螺旋齿面定位，故定位非常困难。原因有二，
其一是定位元件的工作面难以与齿面接触；再则工件
的齿距误差会影响齿面与定位元件的接触。夹具采用
六个定位锥销定位，并设法减小过定位的有害影响。
定位锥销的尺寸精度很高，再把装配的径向、轴向误
差控制在 0.005mm 以内。经上述处理，确保很高的定
位精度。这是本夹具设计的特点。本夹具用于专用内
圆磨床，机床配有气动夹紧机构，自动夹紧工件。

| 件号 | 名称 | 件数 | 材料 | 备注 |
|---|---|---|---|---|
| 6 | 压销 | 3 | 45 | |
| 5 | 压板 | 3 | 45 | 40～45HRC |
| 4 | 定位锥销 | 6 | T7A | 50～55HRC |
| 3 | 定位盘 | 1 | 45 | |
| 2 | 夹具体 | 1 | HT200 | |
| 1 | 拉盘 | 1 | 45 | |

**磨 −8　螺旋锥齿轮磨床夹具**

# 附录　夹具设计示例

支承套用回转式钻床夹具立体图（附图1）。

## 一、设计任务

设计如附图2所示支承套零件用的钻床夹具。

### 1. 工序尺寸和技术要求

1）加工 $2 \times \phi 10H7$ 孔，同轴度公差 $\phi 0.02mm$，孔的轴线对 20H8 槽面的垂直度公差 $\phi 0.1mm$，至 $\phi 70H8$ 的轴线、$G$ 面的孔距尺寸为（$58 \pm 0.1$）mm，（$17 \pm 0.2$）mm。

2）加工 $4 \times M6 - 7H$ 螺纹的底孔 $\phi 5mm$ 并攻螺纹，尺寸 $\phi 90mm$。螺孔轴线对 $\phi 70H8$ 轴线，以及对 $G$ 面的位置度公差为 $\phi 0.15mm$。

3）加工 $M12 - 7H$ 螺纹的底孔至 $\phi 10.2mm$ 并攻螺纹，螺孔至 $G$ 面的孔距尺寸为（$23 \pm 0.1$）mm。

4）加工 $2 \times \phi 7mm$（平锪 $\phi 11mm$）孔，尺寸为 $\phi 96mm$，孔的轴线对 $\phi 85js6$ 轴线、$D$ 面的位置度公差为 $\phi 0.15mm$（最大实体原则）。

### 2. 生产类型及时间定额

生产类型为中批生产。时间定额为 25min。

### 3. 设计任务书

附表1所示为本工序的工艺装备设计任务书。任务书按工艺规程提出定位基面、工艺公差、加工部位和工艺要求等设计要求，以作为夹具设计的依据。

## 二、设计的准备

### 1. 零件的加工工艺过程

零件的主要工艺过程如下：

1）铸造。

2）毛坯退火。

3）车大端面及内孔（基准为小端外圆）；
车小端面、内孔及外圆（基准为大端面及内孔）。

4）车大端面、内孔，车槽、倒角（基准为小端外圆）。

5）插内花键。

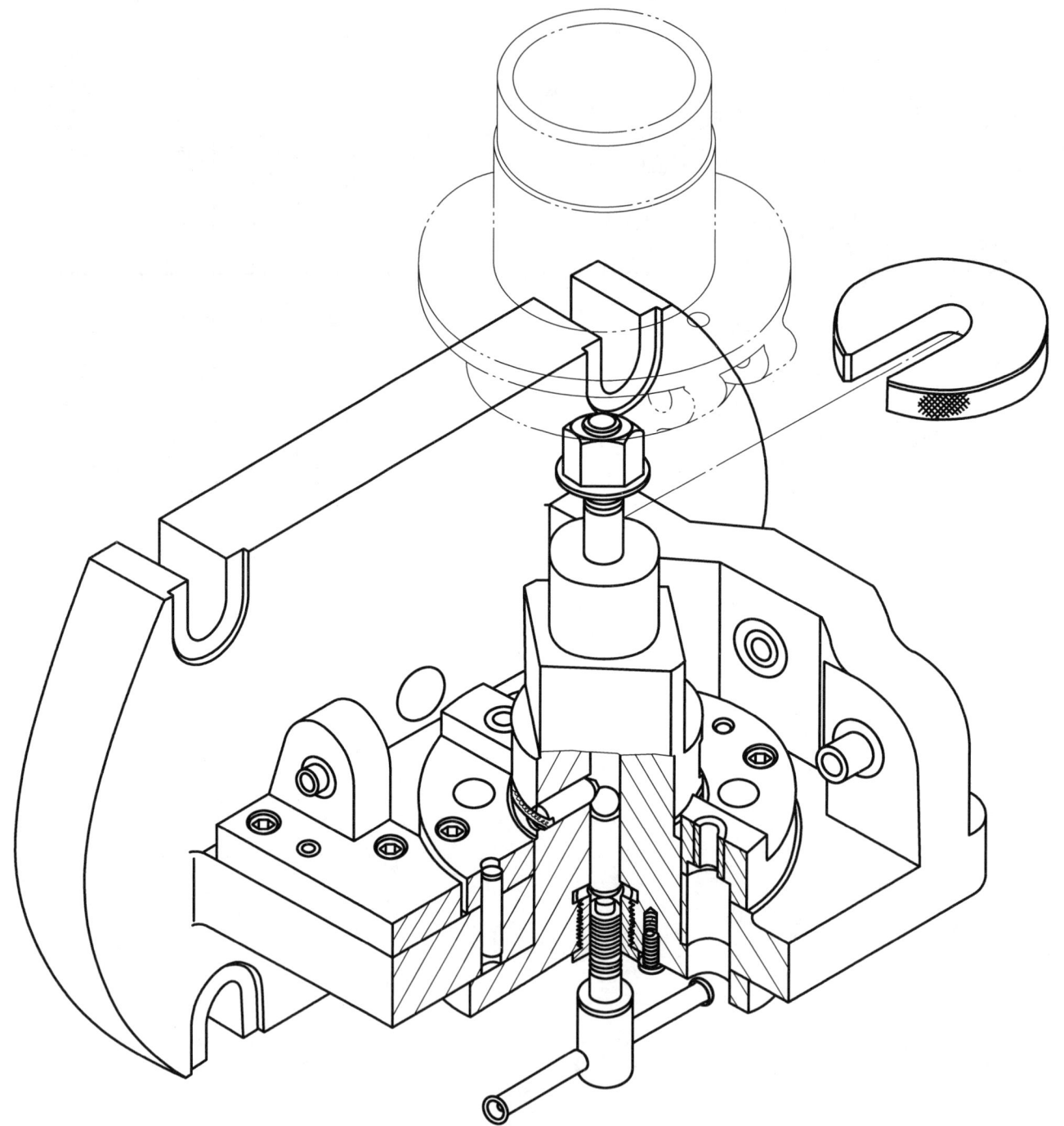

附图1　支承套用回转式钻床夹具立体图

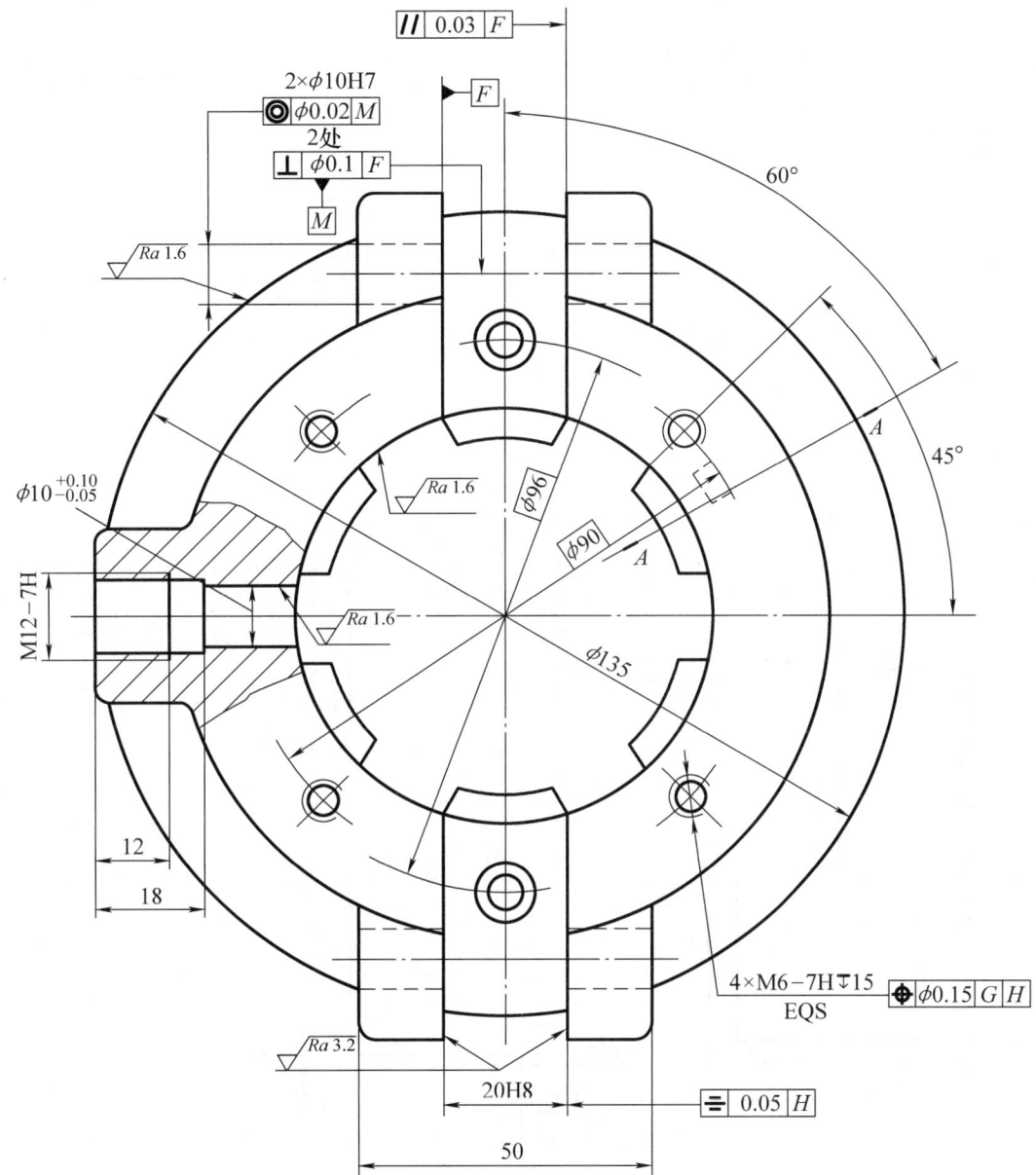

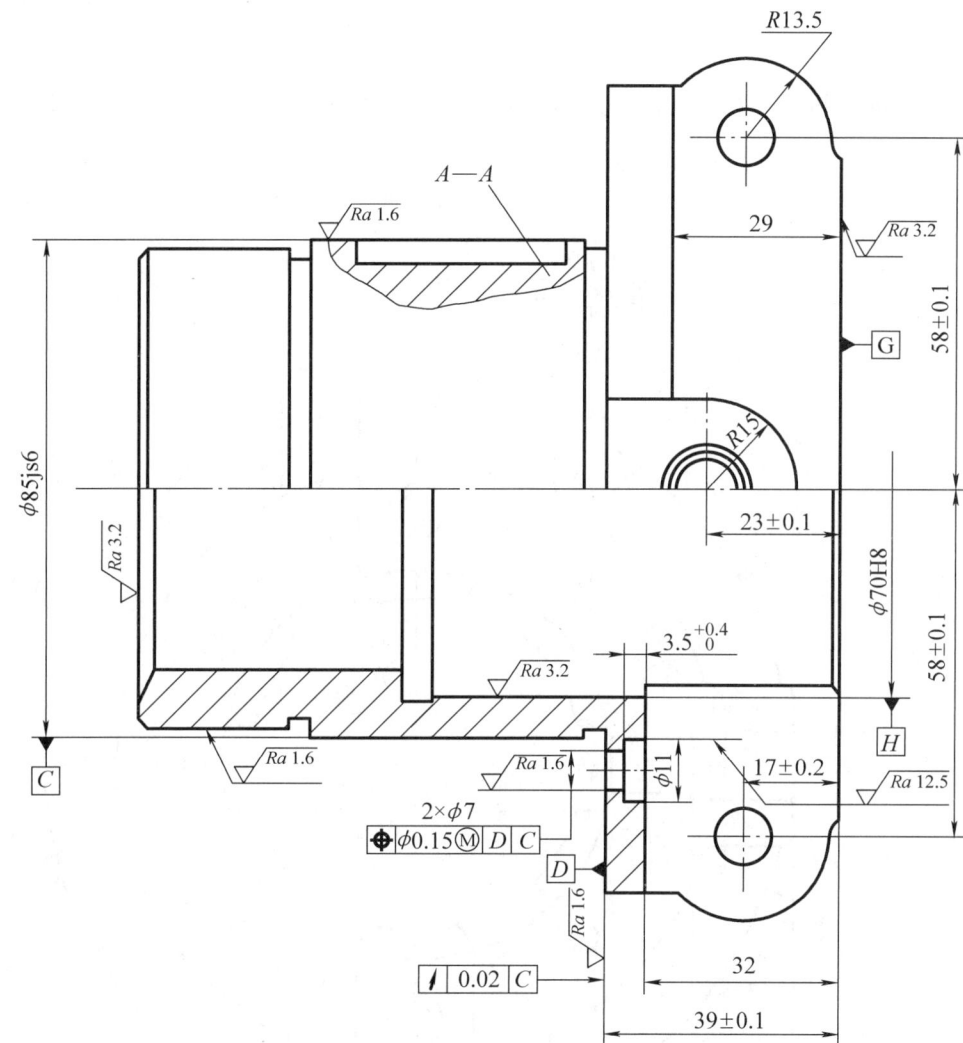

附图 2　支承套零件简图

编号_____

| 产品件号 | Z3040 - 4307 | 装夹件数 | 1 |
|---|---|---|---|
| 工具号 | J32 - 01 | 合用件号 | |
| 工具名称 | 钻床夹具 | 参考型式 | |
| 使用工序 | 钻 | 制造套数 | 2 |
| 使用机床 | Z3040 | 完工日期 | 2013 年 12 月 20 日 |

定位基面及工艺公差：

$\phi$70H8 孔，$G$ 面，$F$ 面。（23 ± 0.1）mm，（58 ± 0.1）mm，（17 ± 0.2）mm

加工部位：

$\phi$10H7

4 × M6 - 7H

M12 - 7H

2 × $\phi$7（平锪 $\phi$11）

工艺要求及示意图：

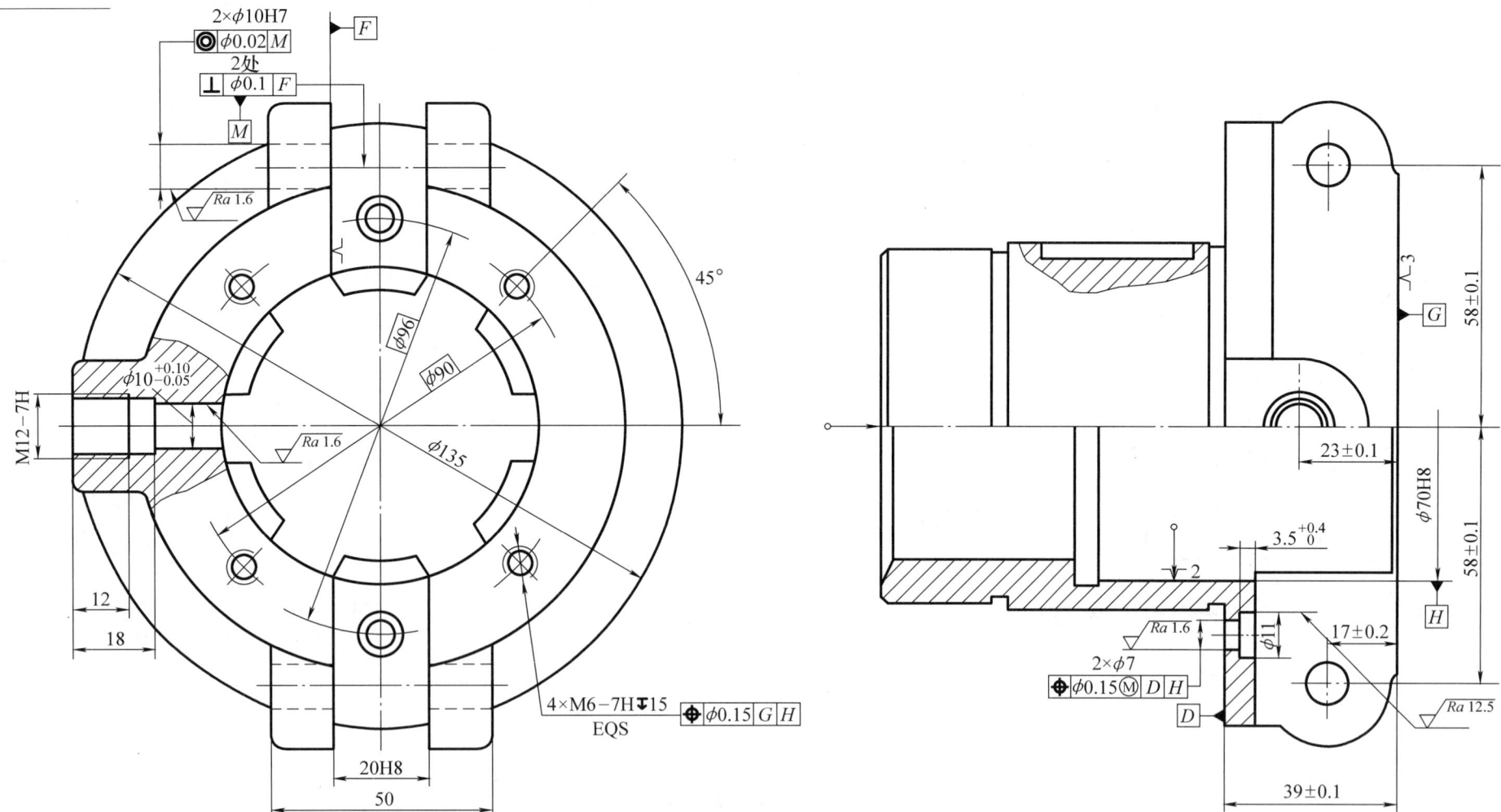

| 工艺员 | 产品工艺员 | 工艺组长 | |
|---|---|---|---|
| 年　月　日 | 年　月　日 | 年　月　日 | 年　月　日 |

6）精车小端面外圆，车槽、倒角（定位基准为内花键及端面）。

7）铣键槽。

8）铣20H8 槽。

9）钻、扩、铰 $\phi10H7$ 孔，钻、攻螺纹 $4 \times M6-7H$、$M12-7H$ 螺孔，钻 $2 \times \phi7mm$ 孔，平锪 $\phi11mm$ 孔。

### 2. 分析零件的形状、尺寸和结构

支承套为小型体壳类零件，形状较复杂，采用铸铁 HT200 制造。已加工的部位有大端面及孔 $\phi70H8$；小端面、内孔、外圆及臂面；20H8 槽。

### 3. 使用设备

Z3040 型摇臂钻床及卧轴式回转工作台。

### 4. 使用的刀具

1）$\phi5mm$、$\phi10.2mm$、$\phi7mm$ 麻花钻。

2）$\phi10 {-0.13 \atop -0.16}mm$ 扩孔钻。

3）$\phi10 {+0.012 \atop +0.006}mm$ 导柱铰刀，导柱直径 $\phi8 {-0.016 \atop -0.033}mm$ 和 $\phi12 {-0.016 \atop -0.033}mm$。

4）$M6-7H$、$M12-7H$ 丝锥。

5）$\phi11mm$ 平锪钻。

### 5. 选择夹具类型

按生产纲领和夹具的复杂系数（工件的形状和大小，加工部位，定位元件结构，夹紧装置结构，导向元件结构，加工精度要求）确定以下项目。

1）装夹工件的数量：单件。

2）夹紧的动力：手动。

3）分度装置：通用回转工作台。

4）夹具结构类型：回转式钻床夹具的不可调的专用结构部分（标准元件与非标准元件组成）。

## 三、方案设计

### 1. 确定定位方案

从分析工序图可知，工件的主要加工部位是 $2 \times \phi10H7$ 孔，被加工面的位置要求是 $\phi10H7$ 孔的轴线至 $\phi70H8$ 孔轴线、$G$ 面的孔距尺寸（$58 \pm 0.1$）mm 和（$17 \pm 0.2$）mm 及其对 20H8 槽面的垂直度公差为 $\phi0.1mm$。从基准重合原则和定位稳定性、可靠性出发，选择 $G$ 面为主要定位基准面，并选择 $\phi70H8$ 孔轴线和 20H8 槽为另两个定位基准面。其中 $\phi70H8$ 孔轴线的定位，采用定心夹紧机构，具有较高的定位精度。

### 2. 确定夹紧方案

钻削的大部分工步中，各支承面上的受力良好，而在钻 $\phi7mm$ 孔时，钻削的轴向力和工件重力则会使工件离开支承面。故根据工件材料，钻头直径 $d_0 = \phi7mm$，进给量 $f = 0.3mm/r$，由切削用量手册可查（公式计算）出钻削轴向力 $F = 1200N$。简化并取安全系数 $K = 2$，则取夹紧力 $F_{wK} = 2400N$，查表得 $M10-6H$ 螺母的夹紧力为 $F = 3000N$。同时考虑到操作迅速和便于装卸工件，应采用快换垫圈。

### 3. 确定导向方案

$\phi10H7$ 孔的加工过程为钻孔、扩孔、铰孔，应选用快换钻套导向。$M12-7H$ 的加工过程为钻孔、攻螺纹，应选用快换钻套，丝锥由螺纹底孔导向。$2 \times \phi7mm$ 孔的加工应选用固定式钻套（平锪 $\phi11mm$ 孔时不用夹具）。以加工 $\phi10H7$ 孔为例，其导柱铰刀与导套配合间隙所引起的导向误差为 $\Delta T_1 = (0.033 + 0.015)mm = 0.048mm$。设计时再计入其他导向误差则可校核导向的精度。

### 4. 确定分度方案

按生产纲领和可靠性要求，使用通用回转工作台，以满足设计的经济性要求。

### 5. 确定夹具体结构方案

考虑夹具的刚度、强度和工艺性要求，采用铸造夹具体结构。

## 四、夹具的总体设计

夹具总体设计的主要步骤见附表2。

## 五、审核

夹具总图见附图3（见书后插页）。夹具审核包括夹具结构和标准化审核等工作。

## 六、设计夹具零件

设计各非标准的夹具零件图。

## 七、夹具的装配、调试和验证

夹具装配时应注意导向元件和定心夹紧机构的调整。装配后试切工件，验证夹具的加工精度和劳动生产率。

（单位：mm）

| 序号 | 设计阶段及所完成的工作 | 已完成的图样或有关内容 |
|---|---|---|
| 1 | 布置图面：<br>选择 1∶1 比例和 A1 图纸幅面，用双点画线绘出工件三个方向视图的轮廓线，各视图之间要留有足够的空间，以便绘制夹具 | a) |

| 序号 | 设计阶段及所完成的工作 | 已完成的图样或有关内容 |
|---|---|---|
| 2 | 设计定位元件：<br>　绘制定位元件的详细结构，确定定位元件的类型、尺寸、空间位置。使定位元件定位面与工件的定位基准相重合<br>　（1）绘制定位轴（非标准结构）<br>　（2）绘制滑柱<br>　（3）绘制钢球 $S\phi12$ GB/T 308—2002<br>　（4）绘制压柱 $\phi12f9$（非标准结构）<br>　（5）绘制螺纹衬套<br>　（6）绘制螺钉<br>　（7）绘制压紧螺钉<br>　（8）绘制活动手柄<br>　（9）绘制弹簧 $1.2 \times 7 \times 10$ GB/T 2089—2009<br>　（10）绘制弹簧<br>　（11）绘制支承板及凸台（非标准结构） | 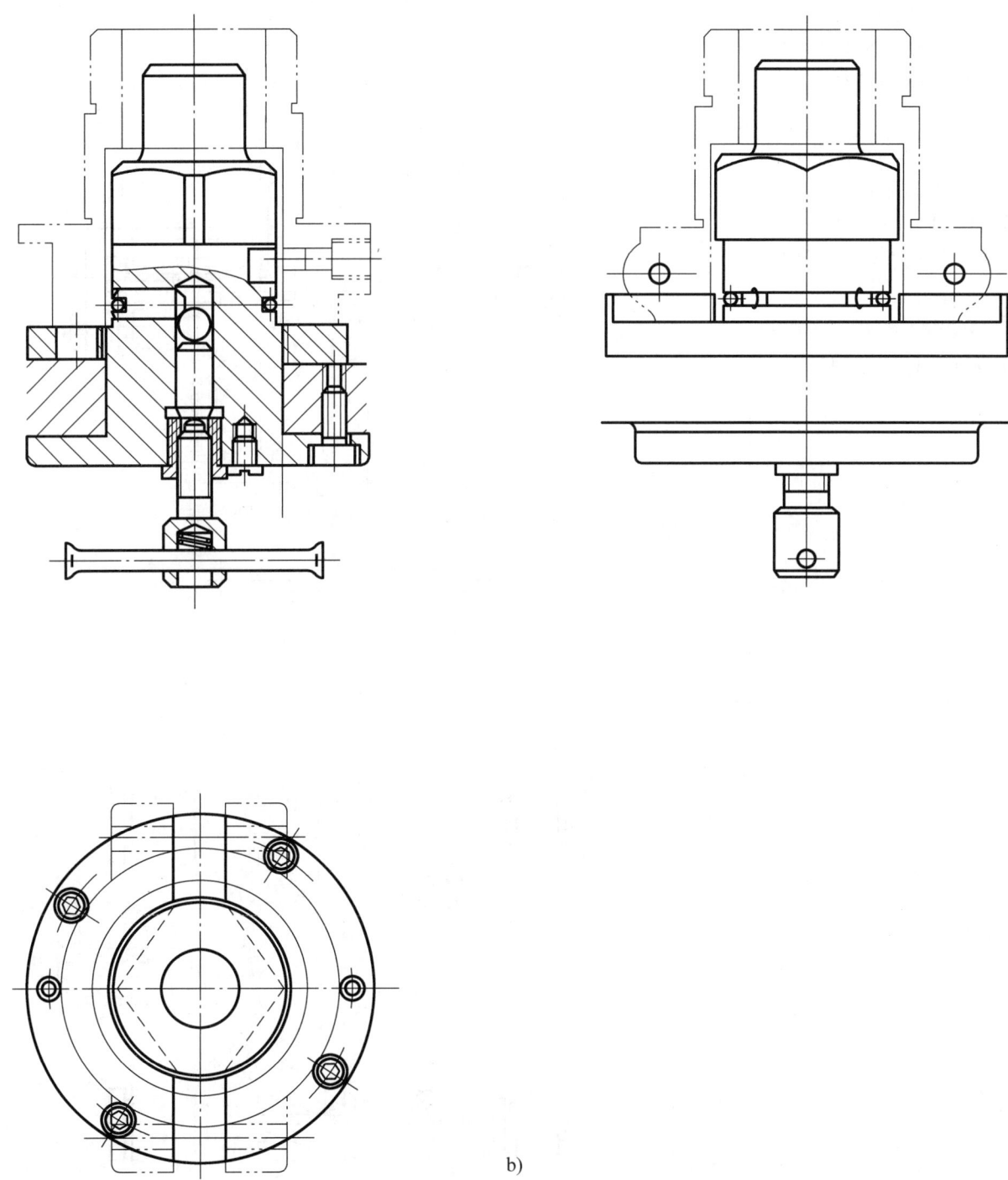<br>b) |

| 序号 | 设计阶段及所完成的工作 | 已完成的图样或有关内容 |
|---|---|---|
| 3 | 设计导向元件：<br><br>绘制导向元件结构，确定导向元件类型、尺寸、空间位置。使导向元件的轴线与被加工孔的轴线相重合。绘制时要兼顾与夹具体之间的装配关系<br>（1）绘制钻套 9.87F7 × 15m6 × 28JB/T 8045.3—1999<br>（2）绘制钻套 A5 × 12JB/T 8045.1—1999<br>（3）绘制钻套 φ10.2F7 × 15m6 × 28JB/T 8045.3—1999<br>（4）绘制钻套 A7 × 16JB/T 8045.1—1999<br>（5）绘制导套 φ8H7（非标准结构） | c) |

| 序号 | 设计阶段及所完成的工作 | 已完成的图样或有关内容 |
|------|----------------------|----------------------|
| 4 | 设计夹紧装置：<br>（1）一部分已绘制<br>（2）绘制快换垫圈 A10×80JB/T 8008.5—1999<br>（3）绘制六角螺母 | d） |

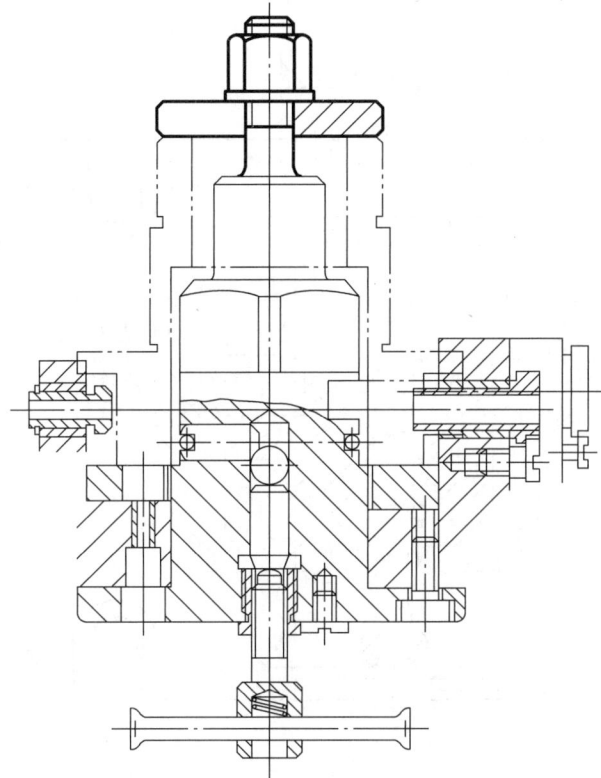

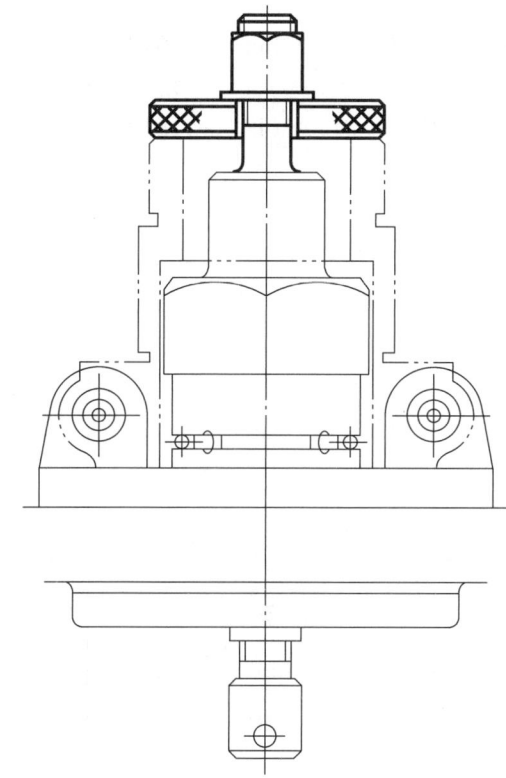

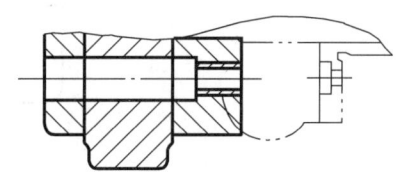

| 序号 | 设计阶段及所完成的工作 | 已完成的图样或有关内容 |
|------|----------------------|----------------------|
| 5 | 按回转工作台参数，设计与回转工作台连接结构<br>（1）绘制定位销 A18h6 × 16JB/T 8014.2—1999<br>（2）绘制定位销 A30h6 × 16JB/T 8014.2—1999 | 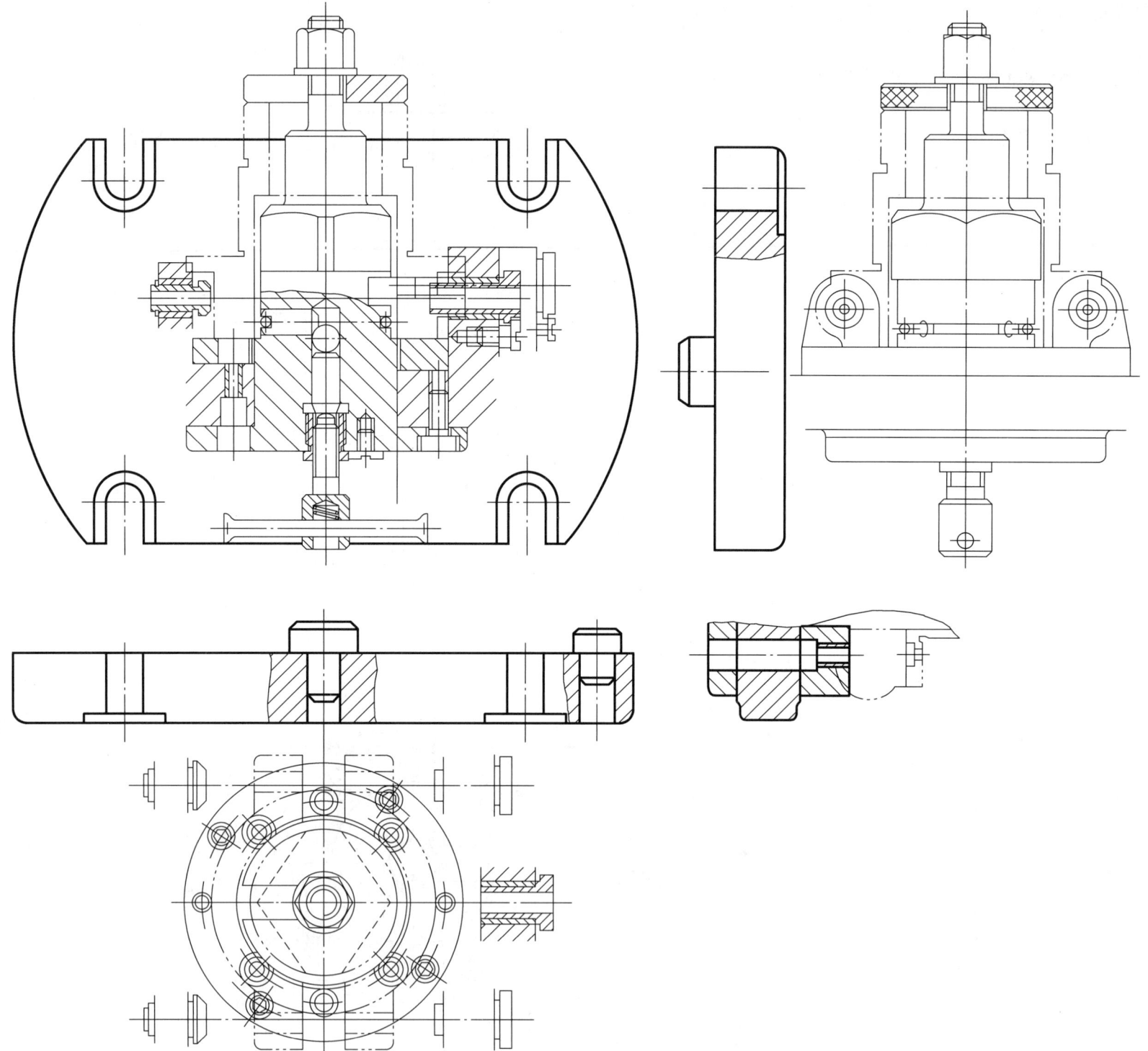<br>e) |

| 序号 | 设计阶段及所完成的工作 | 已完成的图样或有关内容 |
|---|---|---|
| 6 | 设计夹具体：<br><br>　将定位元件、导向元件、夹紧装置联系成一个整体。其空间无障碍，便于装卸工件。取壁厚时应考虑夹具体的强度和刚度。同时选择好夹具体的基面，设置四个耳座 | f） |

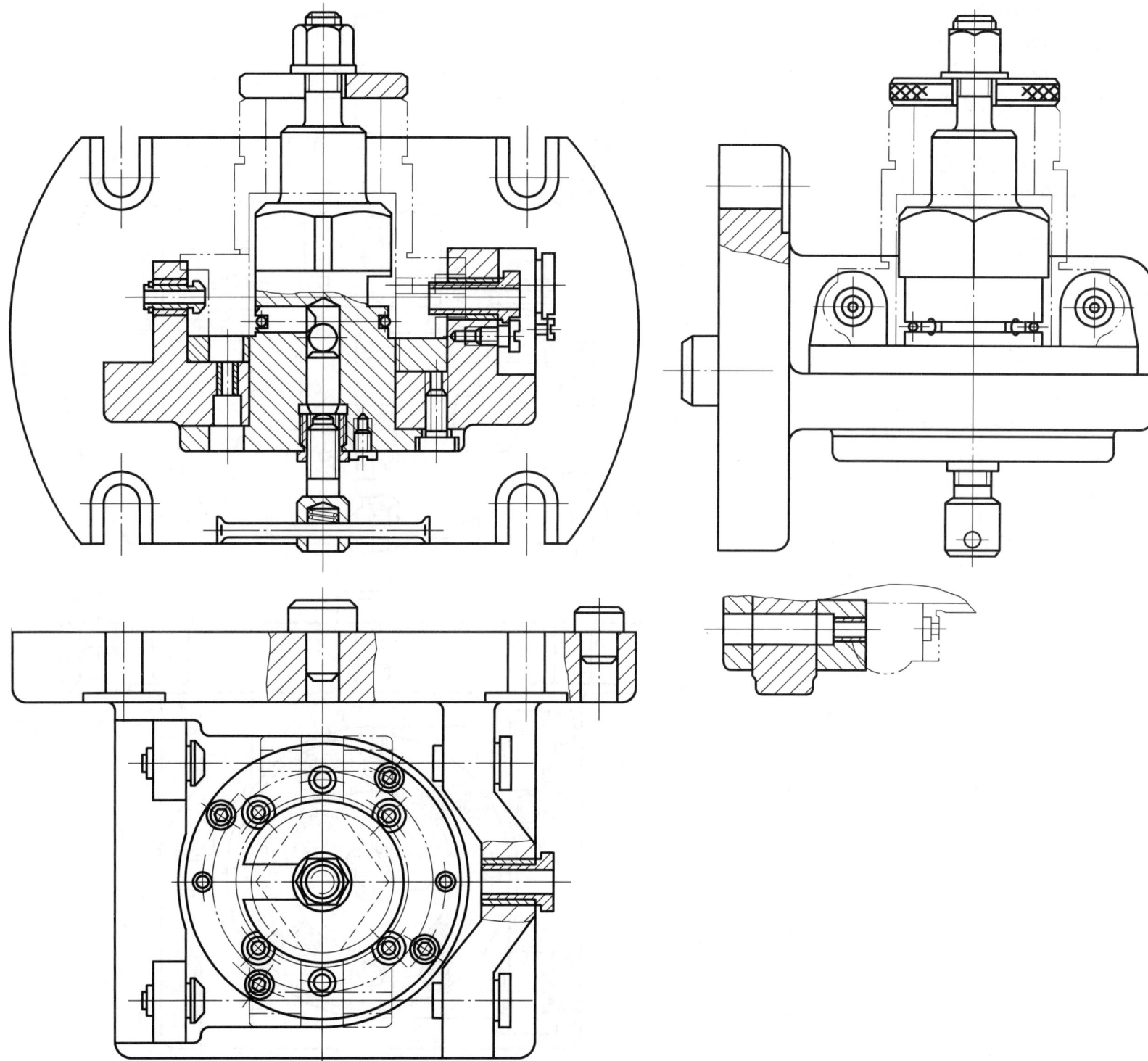

| 序号 | 设计阶段及所完成的工作 | 已完成的图样或有关内容 |
|---|---|---|
| 7 | 夹具结构工艺性审定及其修改：<br>1）工人操作方便<br>2）安全可靠性良好<br>3）清理切屑方便，且不会在定位面上堆积<br>4）夹具在回转盘上安装稳固<br>5）将左端钻模板改为装配连接的结构 | g) |

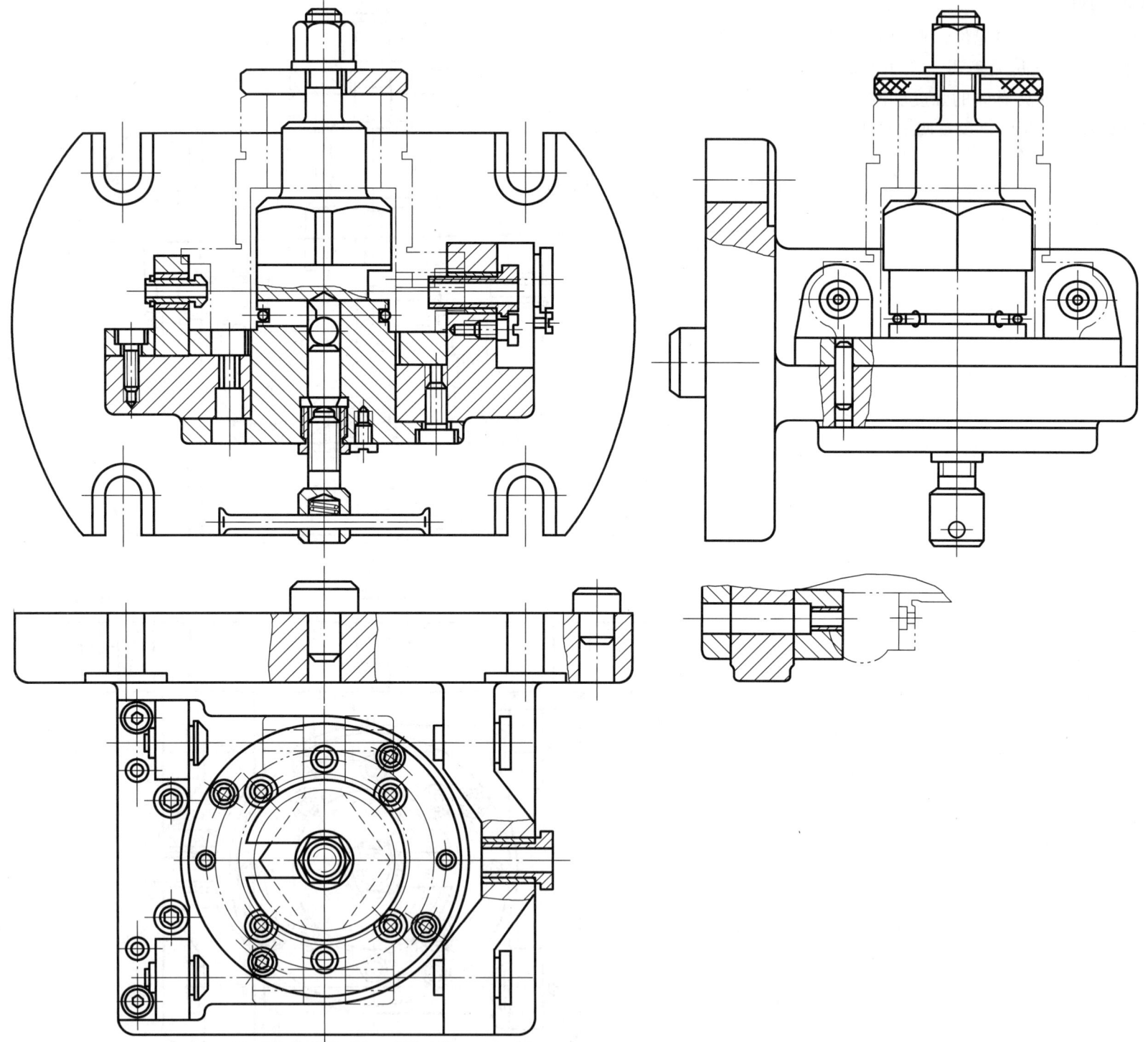

| 序号 | 设计阶段及所完成的工作 | 已完成的图样或有关内容 | | | |
|---|---|---|---|---|---|
| 8 | 标注视图符号、尺寸、技术要求，编制明细表<br><br>标注配合尺寸：$\phi18\frac{H7}{r6}$，$\phi12\frac{H7}{g6}$，$\phi8H7$，$\phi5F8$，$\phi8\frac{H7}{r6}$，$\phi70\frac{H7}{k6}$，$\phi10\frac{H7}{h6}$，$\phi12\frac{H7}{f9}$，$\phi22\frac{H7}{r6}$，$\phi15\frac{H7}{m6}$，$\phi12H7$，$\phi70g6$，$\phi30h6$，$\phi16\frac{H7}{n6}$，$\phi18h6$，$\phi16\frac{H7}{n6}$，$20h6$，$\phi15\frac{H7}{m6}$，$\phi22\frac{H7}{r6}$，$\phi10.2F7$，$\phi12\frac{H7}{r6}$<br><br>标注角度：$45°\pm1°$<br>标注位置公差<br>标注轮廓尺寸：$310mm\times226mm\times256mm$<br>审核夹具的制造精度，各项目与工件相应项目对照分析 | 工件与定位元件间联系尺寸，导向元件与定位元件间联系尺寸的确定 | | | |
| | | 夹具项目 | 数值/mm | 工件相应项目 | 数值/mm |
| | | 钻套至支承板距离 | $17\pm0.05$ | $\phi10H7$ 的孔距 | $17\pm0.2$ |
| | | 钻套至支承板距离 | $23\pm0.02$ | M12 – 7H 的孔距 | $23\pm0.1$ |
| | | 钻套的垂直度 | $\phi0.02$ | | |
| | | 钻套的位置度 | $\phi0.02$ | $4\times M6 – 7H$ 的位置度 | $\phi0.15$ |
| | | 钻套的位置度 | $\phi0.02$ | $2\times\phi7$ 孔的位置度 | $\phi0.15$ |
| | | 支承板 H 面对定位轴垂直度 | $0.01$ | | |
| | | 两导套的同轴度 | $\phi0.01$ | $2\times\phi10H7$ 的同轴度 | $\phi0.02$ |
| | | 钻套对 G 面垂直度 | $\phi0.02$ | $\phi10H7$ 孔对 F 面的垂直度 | $\phi0.1$ |
| | | 凸台对定位轴对称度 | $0.02$ | | |
| | | 钻套至定位轴距离 | $58\pm0.01$ | $\phi10H7$ 孔距 | $58\pm0.1$ |
| | | 按圆周分布的四个钻套的中心距离 | $\phi90\pm0.1$ | $4\times M6 – 7H$ 的中心距离 | $\phi90$ |
| | | 按圆周分布的两个钻套的中心距离 | $\phi96\pm0.1$ | $2\times\phi7$ 孔的中心距离 | $\phi96$ |

# 参 考 文 献

［1］孙已德. 机床夹具图册［M］. 北京：机械工业出版社，1984.

［2］孟宪栋，刘彤安. 机床夹具图册［M］. 北京：机械工业出版社，2005.

［3］南京市机械研究所. 资料选编［J］. 南京：南京市机械研究所，1980.

［4］王小华. 机床夹具图册［M］. 北京：机械工业出版社，1992.

［5］顾仲华，吴家骧. 成组夹具［J］. 上海：上海市第一机电工业局科技情报所，1984.

［6］上海柴油机厂工艺设备研究所. 金属切削机床夹具设计手册［M］. 北京：机械工业出版社，1984.

［7］Ансеров М А. Приспособления［M］. Ленинград：Машиностроение，1975.

［8］Блюмберг В А，Блиэнюк В П. Переналаживаемые Станцные Приспособления［J］. Ленинград：Машиностроение，1978.